Inhalt

W0335686

Ein bleibender Zahn

Von unsichtbarer Kraft getrieben,
Drängt zwischen Eck- und Schneidezahn
Ein neuer sich mit Macht hervor
Und bricht sich stark, doch lautlos, Bahn.

Zu enge fand er Tür und Tor;
Schräg steckt er noch im Unterkiefer.
Doch zielbewusst wird er gedreht:
Er stemmt und zwängt und bohrt und drückt;
Die andern weichen, bis es glückt
Und er in Reih und Ordnung steht.
So schaust Du, wie des Wachstums Kraft
Den Schlussstein fügt zum Menschenleibe
Und sich die zweiten Zähne schafft.

Nun weitet sich das schmale Kinn.
Was von den Eltern nur ererbt,
Ist jetzt verbraucht und ausgehöhlt,
Entwurzelt fällt der Rest dahin.
Des Kindes Wesen hat sich dann
Den eignen Körper aufgebaut;
Und aus gereiften Augen schaut
Ein neu Gesicht die Eltern an.

Markus Adolf Schaffner[1]

Der Zahnwechsel

Was Markus Adolf Schaffner in seinem Gedicht *Ein bleibender Zahn* in poetischer Weise beschreibt, ist mehr als eine Veränderung im Kiefer des Kindes. Denn im Verlauf des sechsten und siebten Lebensjahres vollzieht sich ein Entwicklungsschritt, der für Eltern und Kinder einen ganz neuen Lebensabschnitt bedeutet. Das Kind beginnt, sich sowohl innerlich als auch äußerlich zu verändern. Wer erinnert sich nicht noch selber gut an die Vorfreude auf die Schule – das Kind wird schulreif!

Gestaltwandel

Diesen Wandel vom Spiel- zum Schulkind kann man deutlich an der Gestalt ablesen, weshalb man in dieser Zeit auch von dem *Gestaltwandel* spricht. Die Kinder beginnen sich zu strecken, die rundlichen Formen werden konturierter. Die Patschhände verlieren sich, das vorstehende Bäuchlein wird flacher, die Taille wird gebildet. Die Wirbelsäule erhält nun ihre S-Krümmung und wird dadurch zierlicher. Parallel hierzu wird der Zahnwechsel eingeleitet.

verändertes Verhalten

Diese Entwicklungsphase des Kindes wird von Eltern immer wieder als eine labile Zeit beschrieben, die Fragen aufwirft und manche Eltern-Kind-Beziehung auf die Probe stellt. Mit Unverständnis steht man dem veränderten Verhalten der Kinder gegenüber, fühlt sich vielleicht an die Trotzphase vor Jahren erinnert. Man kann es nicht fassen, nicht begreifen, was das Kind für Unarten ausgebildet hat, wenn es plötzlich bei jeder Gelegenheit zu weinen beginnt oder sich auf dem Boden herumlümmelt, als hätte es keine guten Vorbilder erfahren.

So manch einer hört sich sagen: »Nun benimm dich doch mal anständig!« Aber es scheint, als würde man eine Fremdsprache sprechen, und oftmals verstärkt sich das auffällige Verhalten durch das mangelnde Einfühlungsvermögen noch mehr, dehnt sich aus zum Geschwisterkampf oder zum schmollenden Rückzug.

Wackeln die Zähne – wackelt die Seele heißt bezeichnenderweise der Titel dieses Buches. Die Autorinnen gehen von einem Zusammenspiel der leiblichen und seelisch-geistigen Kräfte im Kind aus, das noch viel zu wenig bekannt ist.

Was verbirgt sich hinter dem Zahnwechsel, speziell dem Wechsel der Frontzähne, wenn die Kinder gleichzeitig beginnen, seelisch labil zu werden?

Es ist unser Anliegen, mit diesem Buch Verständnisgrundlagen sowohl aus pädagogischer als auch aus zahnärztlicher Sicht zu schaffen, die Eltern beziehungsweise Erziehern und den Kindern den Umgang miteinander im Alltag erleichtern mögen.

Phänomene des Zahnwechsels

Als mein Sohn *Jakob* mit sechseinhalb Jahren seinen ersten Wackelzahn hatte, konnte ich wahrnehmen, dass seine Gefühle immer zwischen himmelhoch jauchzend und zu Tode betrübt hin und her schwankten. Einerseits war er keck, frech und herausfordernd, aber im nächsten Augenblick traf ihn eine kleine Rüge so stark, dass er weinend in sich zusammenfiel. Im Umgang mit Geschwistern und Klassenkameraden reagierte er schnell gekränkt und war entgegen früheren Zeiten nah am Wasser gebaut. Saß Jakob früher recht ordentlich auf einem Stuhl, begann er nun zu hängen und sich häufig auf den Teppich zu legen, als wüsste er nicht wohin mit seiner Leiblichkeit.

Gefühlsschwankungen

Während meiner Tätigkeit als Kindergärtnerin fiel mir immer wieder auf, dass die ›werdenden Schulkinder‹ in der Zeit vom Jahreswechsel bis zur Einschulung im Sommer die größte Aufmerksamkeit, besonders viel Verständnis und Führung benötigten. Sie kamen morgens mit einem ungeheuren Willenspotential in den Kindergarten, doch konnten sie diesen zielgerichteten Willen in labilen Phasen seelisch nicht umsetzen, was sich dann dadurch ausdrückte, dass sie herumtobten, sich neckten und streitlustig waren, sich den Spielkameraden gegenüber aber auch sehr empfindlich zeigten.

fehlgeleitete Willenspotentiale

Bezeichnend für diese Zeit ist auch das undefinierbare Bauchweh im Bereich des Sonnengeflechtes (siehe auch Seite 38). Die Kinder wirken in dieser Zeit blass, durchlässig, aufgeschossen und oft auch ein wenig verloren.

Daniela hat mit fünf Jahren ihren ersten Milchzahn im Unterkiefer verloren. Der nachfolgende bleibende Zahn ließ eine ganze Weile auf sich warten. Das ist bei allen bleibenden Zähnen von Daniela zu beobachten gewesen. Fiel der Milchzahn heraus, dauerte es mitunter über einen Monat, bis der nachfolgende Zahn zu sehen war. Die oberen Schneidezähne ließen sich am längsten Zeit. Als sie endlich aus dem Zahnfleisch hervorschauten, wuchsen sie sehr langsam bis zur endgültigen Größe heraus.

langsamer und kontinuierlicher Zahnwechsel

So wie sich der Zahnwechsel langsam und kontinuierlich mit Pausen zwischen einem und anderthalb Jahren vollzog, so entwickelte sich auch Daniela. Ohne nach außen hin auffallende Krisen brachte sie die Zeit vom Kindergartenkind bis zur vierten Klasse hinter sich und befindet sich jetzt im ›Rubikon‹. In ihrem Inneren vollzieht sich der ›seelische Umbau‹, und da sie eher ein melancholisches Temperament hat, geben hauptsächlich ihre Gedankenäußerungen, die sie klar formulieren kann, einen Hinweis darauf, womit sie sich gerade beschäftigt.

Mit dem Durchbruch des ersten Eckzahnes im Alter von neun Jahren konnte man eine zarte Veränderung in Danielas Wesen spüren. Sie wurde sicherer im Auftreten und gefestigter in ihrer Meinung und ihrem Urteil anderen gegenüber. Sie hat bis jetzt elf Milchzähne ›getauscht‹.

Christiane ist die jüngere Schwester von Daniela und eher cholerisch veranlagt. Sie verlor ihren ersten Milchzahn auch mit fünf Jahren, aber innerhalb von zwei Wochen war der neue, bleibende Zahn schon fast so groß wie die anderen Zähne. Der Zahnwechsel dauert bei Christiane vom ersten ›Wackeln‹ bis zum fast kompletten Herauswachsen des bleibenden Zahnes zwischen vier und acht Wochen.

schneller Zahnwechsel

Bei der Lockerung der wackelnden Zähne wird heftig mitgeholfen und man kann den neuen Zahn auch meist schon sehen, wenn sein Vorgänger gerade erst Platz gemacht hat. Zwischen dem Herausfallen der ersten beiden unteren Schneidezähne und dem der oberen lag allerdings eine Pause von knapp zwei Jahren.

Christianes ›seelischer Umbau‹ begann mit dem Wackeln des ersten oberen Schneidezahnes (ca. mit 6 3/4 Jahren). Aus dem noch überwiegend träumenden Schulkind erwachte ein aufhorchendes neues Wesen, welches sich in der Welt, die es jetzt wahrnimmt, erst neu zurechtfinden muss. Sie kann sich häufig nicht gerade auf den Füßen halten, liegt und ›lümmelt‹ auf dem Boden herum oder muss sich anlehnen, und man bekommt das Gefühl, dass sie sich in Ausdruck und Sprache in einer Art ›vorpubertärer Phase‹ befindet, und dieser Zustand hält immer noch an.

Haltungsprobleme

Wir beobachten an ihr häufig eine starke innere Zerrissenheit, die sie unter anderem durch verhältnismäßig lautes Auftreten (im Gehen, treppauf und treppab Stampfen oder im Reden etc.) kundtut, in starken Gefühlsausbrüchen oder heftigsten Protesten, wobei sie sich einfach irgendwo hinwirft oder herumtobt. Sie braucht innigen Körperkontakt und sucht häufig Gelegenheiten, sich selbst zu spüren. Ihre Geduld bei allen Dingen, die sie nicht gerne tut und nicht von sich aus wollte, ist sehr schnell erschöpft.

innere Zerrissenheit

Der Zwiespalt zwischen ›Großwerden‹ und ›Kleinbleibenwollen‹ äußert sich nahezu täglich beispielsweise in dem Wunsch, alles selber entscheiden zu wollen, aber auch gerne noch wie ein Baby getragen und behandelt zu werden. Auch sind bei Christiane Vorstellungskräfte erwacht, die sie dazu bringen, Tagesereignisse, Gesehenes und Gehörtes mit seinen Folgen weiterzudenken, was häufig zu Ein- und Durchschlafproblemen führt.

Andererseits erleben wir Christiane auch schon sehr verständig, mutig und so groß, wie sie gerne sein möchte. Sie hat bis jetzt sechs Milchzähne gegen bleibende eingetauscht.

Bei *Rouven* setzte der Zahnwechsel mit knapp sechs Jahren ein. Noch bevor der erste Zahn wackelte, oder vielleicht war er auch schon ein bisschen lose, war an Rouven eine Veränderung zu bemerken. Er weinte öfter und seine Bewegungen waren unkoordinierter als sonst. Er fiel öfter hin, stolperte leicht, war unruhig und die Beine zappelten, obwohl er vorher als Phlegmatiker bereits sehr schön ruhig sitzen konnte.

Unruhe und Zappeligkeit

Auch seelisch war Rouven nicht sehr belastbar. Und er wurde umso empfindlicher, je mehr der Zahn wackelte.

Als Rouven einmal abends vor dem Einschlafen weinen musste, fragte ich ihn, warum er weine, denn es war eigentlich nichts vorge-

grundloses Weinen

In der Zeit des Zahnwechsels fällt es vielen Kindern schwer, sich aufrecht zu halten. Da muss schon mal ein Arm zu Hilfe genommen werden, um sich abzustützen.

fallen, was beklagenswert war. Daraufhin stammelte er schluchzend: »Ich weiß auch nicht genau, warum ich weinen muss.« Das kennzeichnet ziemlich genau seinen seelischen Zustand. Er weiß nicht so recht, was los ist.

Stabilisierung der Gemütslage

Als dann endlich der erste Zahn ausfiel, war der Stolz groß. Nun war die Schulreife offenkundig. Seine Gemütslage stabilisierte sich kurzfristig, bis der Nachbarzahn zu wackeln anfing.

Ich hatte den Eindruck, als würde der erste Zahn, der ausfällt, so etwas wie einen Damm brechen oder vielleicht auch irgendetwas in Fluss bringen. Auch meine ich eine Parallele zu der Zeit zu beobachten, als die ersten Zähne sich ihren Weg bahnten. Denn bei Babys gibt es auch viel Unruhe, schlaflose Nächte und oft sogar Fieber, wenn die Zähne kommen.

Nun hat Rouven unten zwei schöne neue Zähne, die oberen Schneidezähne wackeln beide. Wir haben uns in den Zustand ein bisschen eingelebt. Rouven ist nach wie vor oft schwierig, aber ich kann besser auf ihn eingehen, da ich nun weiß, dass beides miteinander zusammenhängt und dass dieser Zustand bald vorbeigeht.

Ich fühle mich bei dieser Beobachtung auch durch meine Erfahrungen als Kindergärtnerin bestätigt. Wie oft fragen mich Mütter, ob es mir auch schon aufgefallen sei, dass sich an ihren Kindern etwas verändert hat; sie seien ungezogen, forderten ihre Mütter heraus, seien unruhig und dann aber wieder weinerlich wie Kleinstkinder.

Ich frage dann, ob der erste Zahn wackelt, und in den meisten Fällen ist das der Fall. Oft haben Mutter und Kind noch nicht einmal bemerkt, dass sich ein Zahn zu lösen beginnt, und bestätigen es mir am nächsten Tag.

Mira hat gerade ihren fünften Zahn verloren. Im Moment hat sie vorne am Oberkiefer eine große Zahnlücke und lispelt ein wenig. Das findet sie interessant und betrachtet ihre Wandlung noch ausgiebiger als üblich im Spiegel.

nicht mehr Kindergarten- und noch nicht Schulkind

Es ist deutlich zu bemerken, dass Mira seit einiger Zeit nicht weiß, wo sie hingehört, zu den kleinen Kindern oder zu den richtigen Schulkindern. Sie will schon vieles entscheiden und tun, was ›Große‹ dürfen und können, aber ihr unruhiger Geist lässt sie eher wie jüngere Kinder handeln. Beispielsweise will sie alleine auf der Straße Fahrrad fahren, am liebsten auch in das nächste Dorf zur Turnstunde. Beim gemeinsamen Radfahren gebärdet sie sich aber so wild (sie fährt freihändig mit einer Hand und vollführt lauter kleine Kunststücke, rast dabei aber fast auf die Hauptstraße), dass wir sie nicht alleine fahren lassen wollen. Eigentlich könnte sie es schon, aber ein Teil ihres Wesens ist noch viel zu unsicher und unstet.

Konzentrationsschwierigkeiten

So geht es auch in der Schule. Mira ist sehr unkonzentriert, alles an ihr bewegt sich unkontrolliert und zappelig. Bei schriftlichen Aufgaben hat sie es schwer, bei der Sache zu bleiben. Aber wenn es sich um Bewegung handelt, um Spiele, Gedichte mit Gebärden etc. oder wenn Geschichten nachzuerzählen sind, ist sie ganz da.

Mira braucht viel Zeit zum Spielen. Sie baut gerne Höhlen, räumt das ganze Zimmer samt Möbeln um, stellt das Bett auf den Kopf und ist damit stundenlang beschäftigt. In diesem Wandel des Äußeren zeigt sich deutlich ihr innerer Wandel.

Machtkämpfe

Mira testet auch gründlich aus, wie viel Macht sie hat. Was darf sie schon entscheiden und was nicht? So versucht sie mit all ihrer Kraft durchzusetzen, was sie will, braucht aber in einigen Dingen deutlich eine Grenze.

Selbständigkeit

Einerseits will sie ganz selbständig sein, andererseits wieder nicht. Sie mag beispielsweise nicht mit Zähne putzen, wenn es die anderen tun, aber wenn sie es alleine machen soll, möchte sie doch geholfen bekommen und beklagt sich, dass wir uns gar nicht um sie kümmern.

So braucht Mira viel Mitgefühl für ihre wackelnde Seele. Ein klarer Rhythmus gibt ihr Kraft.

Mitja ist ein zarter, großköpfiger Junge, der sich nicht so gerne mit dem Tätigsein auf der Erde verbinden will. Dem Sprachlichen sehr zugewandt, nimmt er die Umwelt mit wachen Sinnen auf. Sehr oft konnte und kann er die Gedanken, die in seinem Umfeld auftauchen, wahrnehmen und aussprechen. Aber alles, was Übung und Ausdauer fordert wie Rad fahren und Rollschuh laufen, eine Schleife binden, kräftig die Zähne putzen oder ohne Plappern stillsitzen, das fällt ihm schwer und macht ihm Angst. Viele Tränen rollen, bis die Anspannung überwunden ist und die zarten Bewegungen durchschimmern. Diese Schwierigkeiten waren schon beim Zahnen andeutungsweise erkennbar. Fieber und Unpässlichkeit begleiteten die Ankunft der Milchzähne. – Jetzt, beim Ausfallen des ersten Zahnes, war sein Zustand in vielerlei Richtungen bedeutsam. Einerseits ist bei ihm seit einigen Wochen eine viel intensivere Hinwendung zu den Dingen zu bemerken. Da wird geschmirgelt und gehämmert. Plötzlich hüpft Mitja auf einem Bein, fährt viel gerner Fahrrad und übt mit viel größerer Begeisterung bestimmte Fertigkeiten. Andererseits erwachen auch Trotz und Eigensinn in stärkerem Maße. Es werden Gebote zu umgehen versucht, wobei Mitja ganz deutlich testet, wie weit er damit wohl kommen kann. Viele Tränen fließen aus Zorn, aber auch aus Verzweiflung

Mangel an Ausdauer

Trotz und Eigensinn

mit Aussprüchen wie: »Gar nichts glaubst du mir, nie darf ich spielen, wo ich will!« (wenn mal wieder alles voll gebaut ist und einfach aufgeräumt werden muss, weil man keinen Schritt mehr machen kann).

Ich habe den Eindruck, als entstünde ganz zart ein Eigenraum, der so in ihm bis jetzt noch nicht ergriffen wurde.

Niklas wurde mit knapp sieben Jahren eingeschult; seinen ersten Zahn hat er mit sieben Jahren verloren, den zweiten mit siebeneinhalb. Er ist ein vorwiegend sanguinisches Kind mit cholerischen Zügen, aber auch mit melancholischen Momenten. Er ist schon immer lebhaft, zappelig, ehrgeizig und fröhlich gewesen und kann auch schnell ›sauer‹ und laut werden, aber sich auch genauso schnell wieder beruhigen. Niklas hat mit jedem Kind gern gespielt und steht seiner gesamten Umwelt sympathisch gegenüber. Er hat sich selten mit anderen verglichen.

Gerechtigkeitssinn

Inzwischen besucht er die zweite Klasse. Und wieder wackeln die Zähne! Sein Gerechtigkeitssinn prägt sich zur Zeit aus. Er achtet immer darauf, nicht zu kurz zu kommen. Teilweise zeigt er dabei ein völlig irrationales Verhalten, lässt überhaupt nicht mit sich reden, will aber alles erklärt bekommen. Er erzählt viel mehr über seine Begegnungen mit anderen Kindern, ärgert sich über sie, freut sich über sie. Neuerdings bekommen wir oft Äußerungen zu hören wie: »Den hasse ich für immer«, »Ich will zu der Bande gehören« oder »Der ist mein bester Freund«. Sie sind für uns spannend und zeigen uns täglich die neuen Gefühlsregungen in unserem Kind. Er vergleicht sich stark mit anderen, was andere dürfen und haben können. Es macht den Eindruck, als ob er sich selbst sucht. Er beginnt, sich selber einzuschätzen.

vermehrte Freiheiten

Niklas entfernt sich mehr vom Haus, will mehr Freiheiten und braucht gleichzeitig unsere intensive Zuwendung, schläft nachts gerne wieder in unserem Bett. Er übernachtet neuerdings aber auch gelegentlich bei Freunden. Niklas beginnt in Gegenwart von anderen Kindern frech zu mir zu werden, fängt aber auch schnell an zu weinen. Melancholische Züge sind viel stärker geworden. Es gibt jetzt Kinder, mit denen er nicht spielen will.

Mit achteinhalb Jahren verliert Niklas seinen ersten oberen Schneidezahn. Seit der Zahn wackelt, ist er wieder ›hippeliger‹, wird schneller eifersüchtig (Niklas hat noch einen jüngeren Bruder und eine jüngere Schwester), tritt besserwisserisch und motzig auf. Sein Gesicht bekommt einen anderen Ausdruck. Ich habe das Gefühl, ihn ständig kämmen zu müssen, das Gesicht zu waschen, die Hände von Tinte befreien zu wollen, um Ordnung bei Niklas zu schaffen. – Schon wackelt der nächste Zahn. Die Aussprache wird undeutlicher, Spucke flutscht durch die Lücke, Brotstücke werden durch die Lücke hin und her geschoben. Oft hat er die Finger im Mund. Alles ist so ›schlampig‹, dass mir die äußere Ordnung besonders wichtig erscheint.

unordentliches Äußeres

Dreifache Menschwerdung

Die ersten sieben Jahre

Ein Menschlein schlummert in die Welt,
Sein Engel spricht: Steh auf! Greif an!
Und sieh: Das Kindchen blickt umher,
Fasst mit den Fingern Ding nach Ding.
Dann hebt's das Kindlein schwach und schwer;
Es zwingt sich auf, es ringt und ringt,
Bis es auf eigenen Füßen steht
Und ihm der erste Schritt gelingt. –

Ein Menschlein stampfet in die Welt.
Der Engel ruft: Hörst du das Wort?
Und sieh: Das Kleine lauscht und lauscht,
Bis es aus einem Meer von Laut
Die Wörter findet, die es braucht.
Und aus dem Munde wundersam
Singt Wort auf Wort, bis es mit dir
Beglückend Frag und Antwort tauscht. –

Ein Menschlein plaudert in die Welt.
Der Engel raunt: Merkst du den Sinn?
Und sieh: Das junge Wesen staunt,
Schaut rätselnd rings die Dinge an.
Es saugt Gedanken kraus und zart
Um jedes Wort, um jedes Bild.
Mit Wenn und Aber und Warum
Prüft's, wie man alles denken kann. –

Ein Menschlein wundert in die Welt. –
In dreien Malen ist es so
Zum Erdenkind voll aufgewacht;
Hat sich erhoben, fand das Wort
Und hat darüber nachgedacht.
Die Glieder machten den Beginn,
Die Brust durchtönte Menschenlaut,
Und in das Haupt stieg Erdensinn.

nach Markus Adolf Schaffner

Zähne – und mehr!

Die Gestalt eines Menschen ist der Text zu allem, was sich über ihn empfinden und sagen lässt.

Johann Wolfgang von Goethe

»Der Zahnwechsel war für unsere Tochter und uns eine schwierige Zeit. Als er dann aber überstanden war, hatte ich das Gefühl, ein ganz neues Kind schaut mich an.« So die Aussage einer Mutter über diese krisenhafte Zeit, in der nicht nur die Zähne ›neu‹ werden, sondern auch unsere Kinder uns etwas Neues ihres Wesens offenbaren, das wir noch nicht kannten und das uns wieder ein Stück mehr erkennen lässt: »*Das* bist du also!«

neue Wesenszüge

Beim Zahnwechsel werden nicht nur die Zähne ausgetauscht, auch der Knochen, der sie trägt, wird neu gebildet. Das Wachstum der Kiefer gibt dem Gesicht ein anderes Aussehen und es entsteht etwas völlig Neues, Individuelles, Einmaliges, das ›Aushängeschild‹ des Kindes, mit dem es zeigt: »*Das* bin ich!«

Milchzähne und bleibendes Gebiss

Die Milchzähne der Kinder variieren vielleicht ein bisschen in Form und Größe, sind ansonsten aber recht ähnlich von Kind zu Kind, bei Jungen und Mädchen. Die bleibenden Zähne hingegen sind einmalig, nur bei diesem Kind anzutreffen, ganz individuell in Form, Farbe und Zahnstellung und mit geschlechtsspezifischen Formunterschieden.

›Umbau‹ des ererbten Körpers

Das Kind stößt mit den Milchzähnen Stück für Stück die letzten ›alten Strukturen‹ seines ererbten Körpers ab. Dadurch baut er diesen zu seinem ›eigenen‹ Körper um, macht ihn zu seinem ›Haus und Werkzeug‹, das es ihm ermöglicht, seinen ganz persönlichen Lebensweg zu gehen. Manchmal gelingen diese ›Umbauarbeiten‹ nicht ganz so gut und der Wind zieht durch das Haus, weil die Fenster klemmen, und es ist kalt und ungemütlich darin. Vielleicht war auch das Baumaterial nicht immer von guter Qualität. Dann braucht das Kind unsere Hilfe, Entwicklungshilfe, damit es lernt, wie es die Fenster besser schließen oder reparieren kann. Dann ist der Beistand der Eltern, der Pädagogen, der Ärzte gefragt und all derer, die es auf seinem ersten Lebensweg begleiten, damit es lernt, mit seinem Haus gut umzugehen.

»Schicksalszeit der Zähne«

Hermann Lauffer bezeichnet diese Zahnbildezeit treffend als »Schicksalszeit der Zähne«,[2] denn alles, was dem Kind in der ›Umbauzeit‹ (das ist vor allem das erste Jahrsiebt, setzt sich aber weiter fort) widerfährt, sei es körperlich oder seelisch, prägt sich ihm ein, hinterlässt körperliche und seelische Spuren, die sich im Mundraum und an der äußerlich sichtbaren Gestalt ablesen lassen. Sie sind auch in den inneren Strukturen des Körpers vorhanden, bleiben hier jedoch unserem Auge verborgen.

Besonderheiten des Zahnwechsels beim Menschen

Der menschliche Zahnwechsel weist einige Besonderheiten auf, die im Tierreich sonst nirgends zu finden sind und wie ein Abbild der individuellen Entwicklungsmöglichkeiten des Menschen erscheinen. So setzt der Zahnwechsel beim Menschen erst spät ein und verläuft mit Pausen, die beim Tier fehlen. Dadurch erstreckt er sich über den langen Zeitraum von ca. sechs Jahren. Die bleibenden Zähne sind individuell für jeden Menschen ausgeprägt, während sie innerhalb einer Tierart gleich sind. Tiere haben stark spezialisierte Zähne, nur Mahlzahn-förmige wie das Rind oder nur schneidende wie Raubtiere, es fehlen ihnen die unspezialisierten kleinen Backenzähne, aus deren Form sich die Formen der anderen Zähne ableiten.[3] Es ließen sich noch zahlreiche Aspekte hinzufügen.

Betrachten wir zunächst ein Zahnschema des Milch- und bleibenden Gebisses, in dem die Zähne benannt und Begriffe geklärt werden, die im Folgenden immer wieder auftauchen werden.

Ablauf des Zahnwechsels

Der Zahnwechsel beginnt bei einigen Kindern mit dem Ausfallen der mittleren Schneidezähne, bei anderen aber mit dem Durchbruch der so genannten 6-Jahr-Molaren, das sind die ersten bleibenden Backenzähne, die hinter den Milchzähnen zusätzlich durchbrechen und die Zahnreihe verlängern, ohne dass dafür ein Zahn ausfällt. Bei letzteren Kindern wird der Beginn des Zahnwechsels oft gar nicht bemerkt. Wenn der Durchbruch der 6-Jahr-Molaren dann zu Beschwerden und Schwellungen im hinteren Kieferbereich führt, was

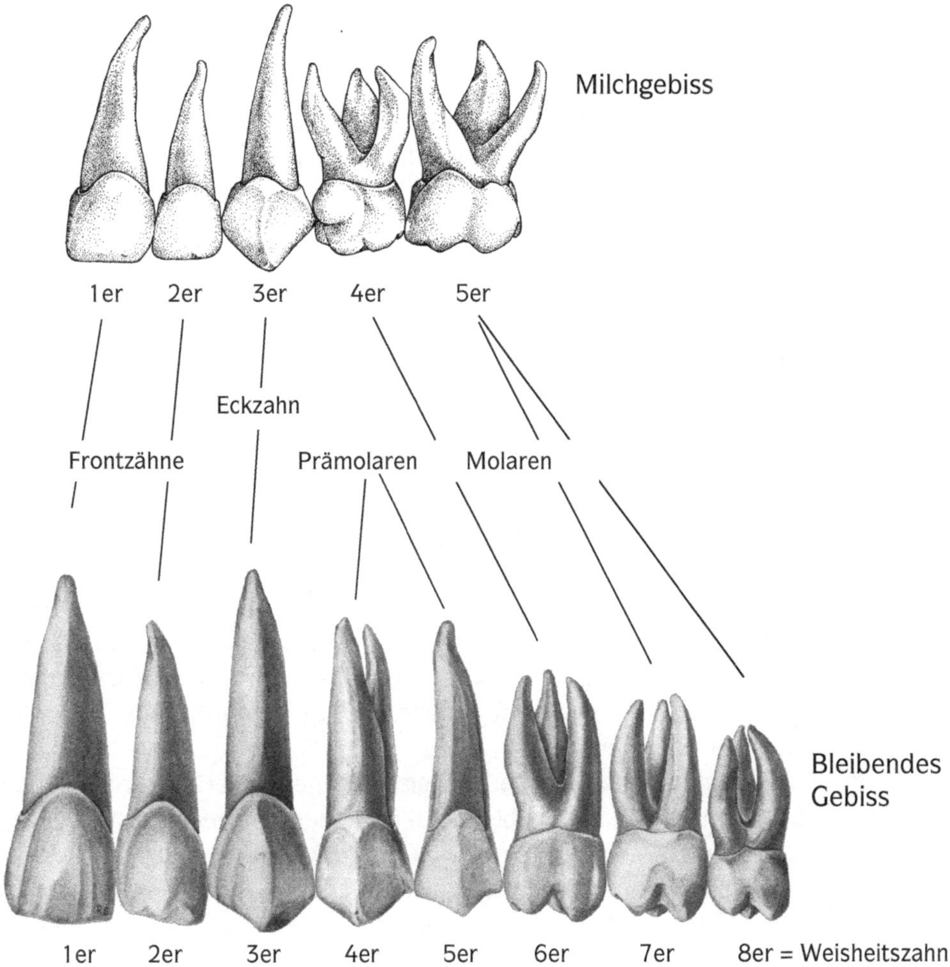

Das Milchgebiss (oben) hat in jeder Kieferhälfte fünf Zähne aufzuweisen, also insgesamt zwanzig. Beim bleibenden Gebiss kommen die so genannten Prämolaren hinzu, die an die Eckzähne anschließen, und später die Weisheitszähne. Die Molaren (6er und 7er) des bleibenden Gebisses sind zwar von ihrer Gestalt her den Mahlzähnen (= Molaren) des Milchgebisses verwandt, ersetzen diese beim Zahnwechsel aber nicht, sondern treten hinter den Milchmolaren aus dem Kiefer heraus (nach Schumacher).

gelegentlich vorkommen kann, sind viele besorgte Eltern (und Kinder) freudig überrascht, wenn die befreiende Diagnose lautet: »Der erste neue Backenzahn kommt!«

Fieber als Begleiterscheinung

Manchmal tritt beim Durchbruch der bleibenden Zähne Fieber oder sogar eine fieberhafte Erkrankung auf. Dies sollte aber durchaus als ›Anschub‹ und Erleichterung des Zahndurchbruchs begriffen werden – genau wie beim zahnenden Kleinkind.

Der Zahnwechsel als leiblicher und seelischer Prozess

Was bedeutet es nun eigentlich, wenn der erste Zahn wechselt?

Beziehungen zwischen Zähnen und Organen

Zwischen einzelnen Zähnen und bestimmten Organen bzw. Strukturen bestehen Beziehungen, die auch den jeweiligen Akupunktur-Meridianen entsprechen. Der erste wechselnde Zahn ist ein Zeichen dafür, dass die im Verborgenen ablaufende Organbildung der jeweils zugeordneten Organe Stück für Stück, Zahn für Zahn sozusagen, zu einem Abschluss kommt und dass die Organe ab diesem Zeitpunkt nur noch wachsen.

Dauer des Zahnwechsels

Die Zahnwechselzeit dauert relativ lange. Sie erstreckt sich vom Durchbruch des ersten bleibenden Zahnes mit etwa sechs Jahren (mit starken individuellen Abweichungen) bis zum Durchbruch des zweiten Molars ungefähr im zwölften Lebensjahr. Zeiten, in denen viele Zähne wechseln, werden immer wieder von Pausen unterbrochen, etwa nach dem Frontzahnwechsel und dem Wechsel der Prämolaren. Dabei möchte ich betonen, dass die angegebenen Zeiten Richtwerte sind und es starke individuelle Schwankungen gibt, die ja immer ein Kriterium des Menschlichen sind.

Zahndurchbruch und Krisenzeiten

Jede der Krisenzeiten in der kindlichen Entwicklung fällt mit dem Durchbruch eines markanten Zahnes oder einer Zahngruppe zusammen (siehe auch Seite 45 f.):

3. Lebensjahr	(Trotzphase):	5. Milchbackenzahn
6 ½ Lebensjahre	(Schulreife):	6er oder 1er
9. Lebensjahr	(Autoritätskrise):	Eckzähne und 4er
12. Lebensjahr	(Vorpubertät):	7er
ca. 21. Lebensjahr	(Mündigkeit):	Weisheitszahn (mit großen individuellen Unterschieden, oft in Zusammenhang mit der Bewältigung schwerer Lebenssituationen)

Entwicklung der bleibenden Zähne

Die Entwicklung der bleibenden Zähne beginnt schon in der Schwangerschaft. Im sechsten Schwangerschaftsmonat bilden sich die zunächst geweblich angelegten Zähne, deren Kronen und anschließend auch die Wurzeln, die dann nach und nach – bestimmten Gesetzmäßigkeiten folgend – in Wachstumslinien mineralisieren, ›verkalken‹. Die Bildezeit des ersten bleibenden Backenzahnes, des 6ers, zieht sich über einen Zeitraum von ungefähr zehn Jahren hin, bis auch dessen Wurzeln vollständig ausgebildet sind.

Störungen der Organbildung

Treten während der Organbildung Störungen auf, die die Kräfte des Kindes übermäßig beanspruchen, seien es Krankheiten oder auch seelische Belastungen, werden die Bildeprozesse gestört. Für den Zahn bedeutet dies, dass ein ›Fehler‹ im Aufbau entsteht, der später beim Durchbruch sichtbar wird, beispielsweise als Verfärbung oder Missbildung der Gestalt. Da die Zahnbildung in Wachstumsstreifen langsam über Jahre hinweg fortschreitet, kann man, ähnlich wie an den Jahresringen eines Baumes, an den Zähnen ablesen, ob und wann Schwächungen aufgetreten sind. Ingvo Broich spricht deshalb von den zweiten Zähnen als einem »Denkmal für die Formbildeprozesse im ersten Jahrsiebt«.[4]

Zahnfehlbildungen

Die Zahnfehlbildungen sind also Zeugen der Vergangenheit des Kindes und nicht mehr rückgängig zu machen, da der Zahnschmelz, die äußere harte Schicht des Zahnes, ein rein mineralisches Gebilde ist. Der Zahn ist an diesen Stellen geschwächt und empfänglicher für Karies, und deshalb ist eine gute Reinigung hier besonders wichtig, zusammen mit anderen Maßnahmen, die individuell für das Kind zusammengestellt werden sollten.

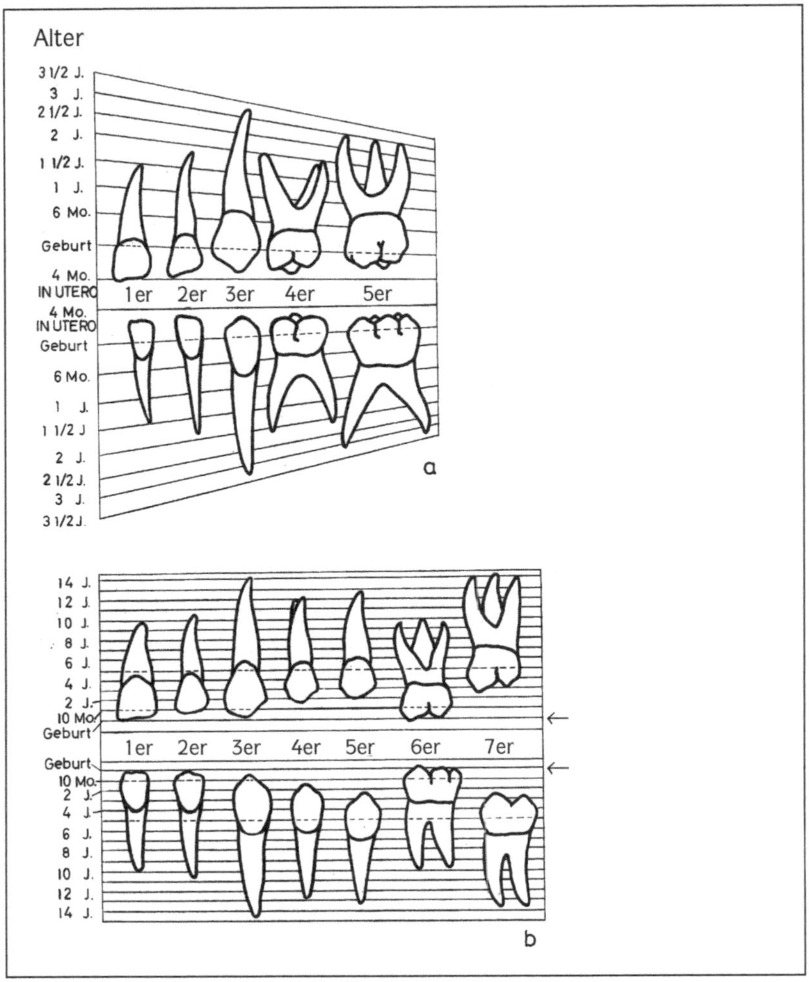

Chronologie der Entwicklung von Milchgebiss (a) und bleibenden Zähnen (b). Bereits um den Zeitpunkt der Geburt mineralisieren die Spitzen der mittleren Frontzähne und der ersten bleibenden Backenzähne, wie an den mit Pfeilen markierten Linien zu erkennen ist.

Hilfe bei Karies und Parodontose

Es liegt mir am Herzen, in diesem Zusammenhang ein Präparat zu nennen, das sich in der Karies- und Parodontosebehandlung und auch zur Vorbeugung über Jahrzehnte in zahnärztlichen Praxen bewährt hat und bei konsequenter Anwendung eine beginnende Karies in ihrem Fortschreiten behindern kann, beispielsweise wenn Kinder sich nicht behandeln lassen wollen. Darüber hinaus ist es für alle Patienten vorbeugend zu empfehlen. Es handelt sich um Tropfen, deren Wirkstoff aus der Rosskastanienrinde stammt: *Aesculus Cortex D1, Dilution.* Dieses Mittel ist in der Apotheke erhältlich. Nach dem Zähneputzen gibt man einen Tropfen auf die Zahnbürste, damit der Alkohol verdunstet, mit dem die Lösung konserviert ist, weil es sonst schlecht schmeckt. Beim nächsten Putzen ein erbsengroßes Stück Zahnpasta (möglichst nicht schäumende, erhältlich in Apotheke, Bioladen, Reformhaus oder gut sortierten Drogerien) darüber geben und wie üblich putzen. Die Zahnbürste wird braun, aber das ist besser als braune Zähne!

Auflösung der Milchzahnwurzeln

Wenn die Wurzeln der Milchzähne im Kiefer des Kindes durch den wachsenden bleibenden Zahn aufgelöst werden, läuft dies wie bei einer Entzündung ab. Es finden sich dort Entzündungszellen, mit denen sich unser Körper normalerweise gegen eingedrungene Fremdkörper wehrt, die sich in diesem Fall aber gegen die Milchzähne richten. »Was ist dem Menschen in diesem Alter in der eigenen Leiblichkeit so fremd, dass er es auflöst und verdaut oder wie ein transplantiertes Organ abstößt?«, fragt Armin Husemann in seinem Buch *Der Zahnwechsel des Kindes*.[5] Die alten Zähne passen nicht mehr in das anfangs erwähnte neue Haus des Kindes und es baut sich seine eigenen.

Das folgende Zahnwechselschema soll die Veränderungen im Kiefer des heranwachsenden Kindes und Jugendlichen noch einmal verdeutlichen.

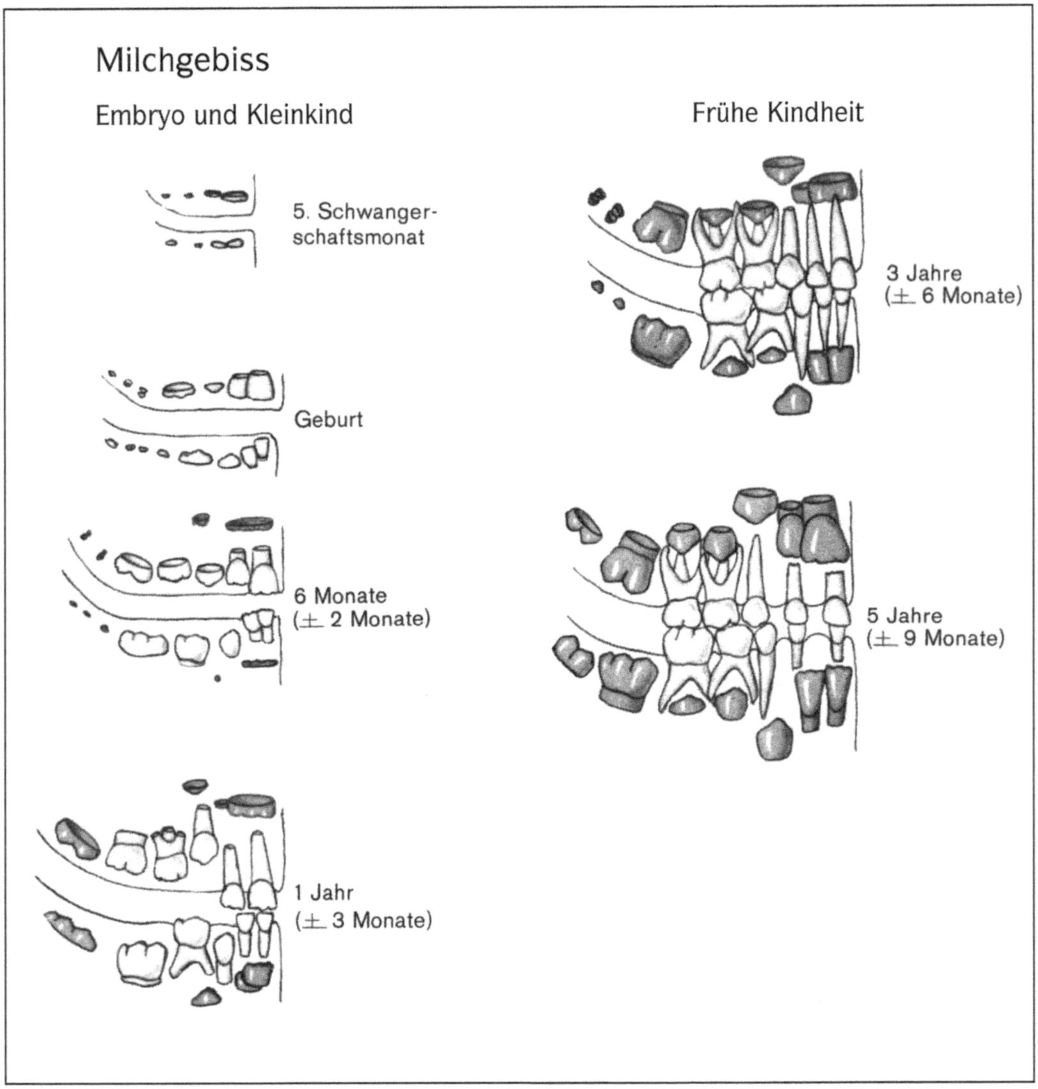

Ablauf des menschlichen Zahnwechsels: Milchgebiss – Wechselgebiss – bleibendes Gebiss. Das Milchgebiss ist weiß, die bleibenden Zähne sind grau dargestellt. Es sind nur die bereits mineralisierten Teile der Zähne abgebildet.

Wechselgebiss

Späte Kindheit

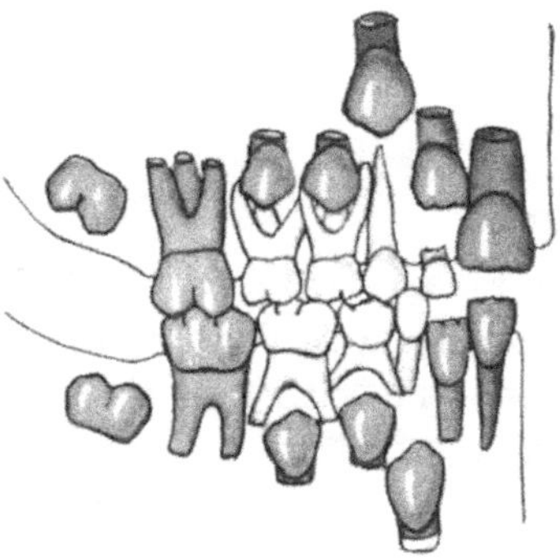

7 Jahre
(± 9 Monate)

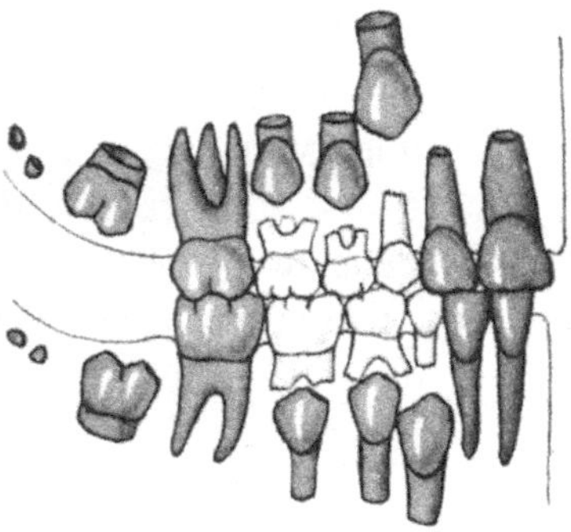

9 Jahre
(± 9 Monate)

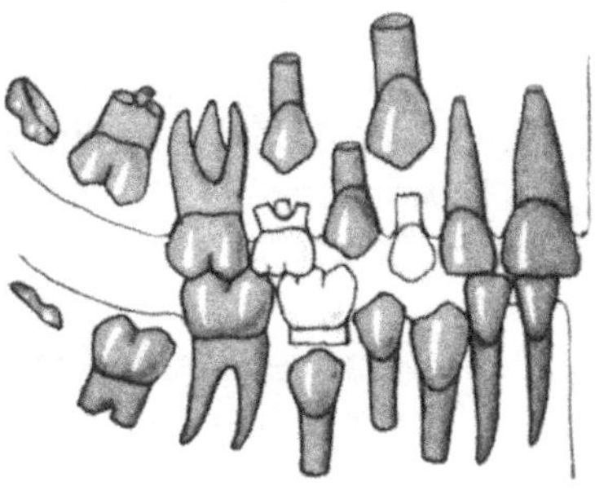

10 Jahre
(± 9 Monate)

Bleibendes Gebiss

Jugend- und Erwachsenenalter

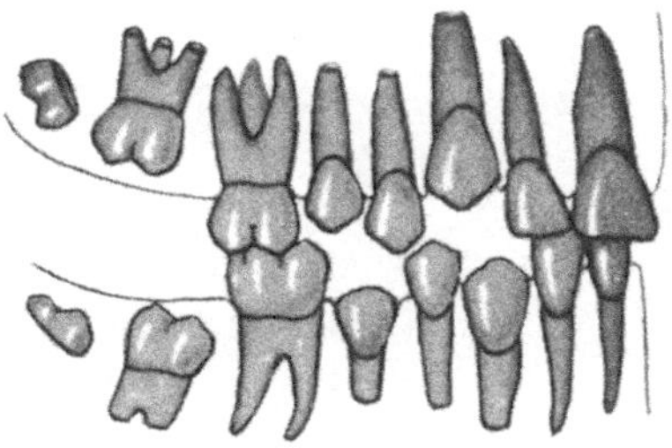

11 Jahre
(± 9 Monate)

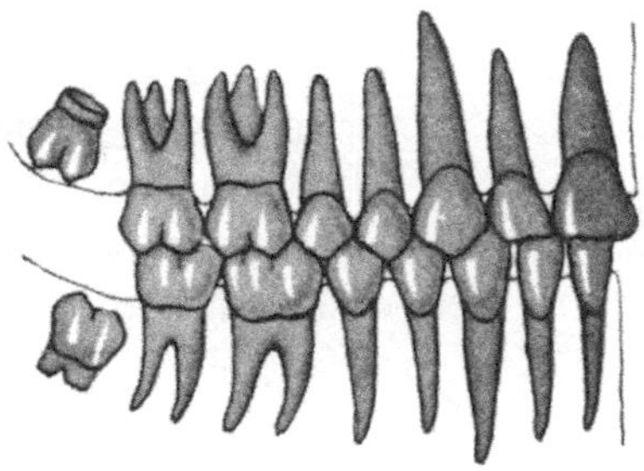

15 Jahre
(± 6 Monate)

Die Entwicklung des Kindes von der Geburt bis zum Zahnwechsel

anthroposophische Menschenkunde und Entwicklungspsychologie

Um die Veränderungen im Verhalten der Kinder, die seelischen Phänomene des Zahnwechsels besser zu verstehen, ist es sinnvoll, zunächst einmal einen Blick zurück in die kindliche Entwicklung zu richten. In der anthroposophischen Menschenkunde Rudolf Steiners finden wir wichtige Gesetzmäßigkeiten für das Heranwachsen eines Menschen bis zu seinem einundzwanzigsten Lebensjahr beschrieben. Sie stellt eine sinnvolle Ergänzung zur Entwicklungspsychologie dar, die ebenfalls eine Grundlage der folgenden Betrachtung ist. Gerade der erweiterte Blick auf Leib, Seele und *Geist* des werdenden Menschen ermöglicht es, gewisse Entwicklungsphänomene deutlicher zu erfassen und zu verstehen. Hierfür ist es allerdings nötig, sich bestimmte Begriffe anzueignen, die für manchen Leser gewöhnungsbedürftig sein mögen, dafür aber dem ganzheitlichen Verständnis des heranwachsenden Kindes dienen.

Die Wesensglieder

Die kindliche Entwicklung in den ersten sieben Lebensjahren vollzieht sich in drei großen Schritten, in denen das Kind den aufrechten Gang und das Sprechen erlernt und sich das Denken entfaltet. Mit Hilfe der Eltern und anderer Erzieher bildet es sich sein individuelles Wesen.

Dieses menschliche Wesen besteht aus verschiedenen Gliedern, die man als ›Wesensglieder‹ bezeichnet. Sie sollen hier im Einzelnen benannt werden, da die folgenden Betrachtungen wesentlich auf ihnen aufbauen: der physische Leib, der Lebens- oder Bildekräfteleib (Ätherleib), der Seelenleib (Astralleib) und das Ich.

Der *physische Leib* ist hierbei das Wesensglied, welches wir mit unseren Augen und Händen wahrnehmen können: der sichtbare Körper des Menschen. Er besteht aus reiner Stofflichkeit, die vergleichbar ist mit dem Mineralreich. Man denke an einen Stein, der ohne den Einfluss von anderen Kräften eine unbewegliche, tote Materie ist. *physischer Leib*

Will ich diesen Stein in Bewegung bringen, benötige ich Lebens-, Form- oder Bildekräfte, die ihn beispielsweise einen Hang hinunterrollen lassen. Der menschliche Körper wird von solchen Kräften durchdrungen. Dieser Lebens- oder *Bildekräfteleib* ist eine strömende und in Bewegung befindliche Kraft, die den physischen Leib zum Leben erweckt. Sie ist die Grundlage dafür, dass Pflanzen, Tiere und Menschen wachsen und sich regenerieren können. *Bildekräfteleib*

Man kann ihn nicht sehen, aber deutlich spüren, er signalisiert uns unsere zunehmende oder abnehmende Lebenskraft. Man denke an die Vitalität eines kleinen Kindes und an die spätere Altersschwäche.

Diese Lebenskraft finden wir in allem Lebendigen, im Pflanzen- und Tierreich und im Menschen. Steine haben dagegen nur einen physischen Leib.

Der *Seelenleib* ist der Träger des Seelenlebens, von ihm gehen Freude, Trauer, Sehnsucht, Lust und Unlust und alle Triebhaftigkeit aus. Auch den Seelenleib sieht man nicht, aber er ist erlebbar im Gefühlsleben des Menschen. Will man sich eine Vorstellung von ihm bilden, können folgende Bilder helfen: ›Meine Seele weitet sich – sie bekommt Flügel‹, oder ›Da zog sich mir alles zusammen‹. *Seelenleib*

Der Seelenleib ist nicht so sehr an die Grenzen des physischen Leibes gebunden, sondern er durchdringt den physischen und den Lebensleib und strahlt auch über diese hinaus. Er hat die Möglichkeit, sich je nach Seelenlage zusammenzuziehen oder auszudehnen. Den Seelen- oder Begierdenleib finden wir auch beim Tier, aber nicht beim Stein oder der Pflanze.

Über das letzte Wesensglied – *das Ich* – verfügt nur der Mensch. Mit dem Ich ist auch immer die Individualität verbunden. Das Ich eines Men- *das Ich* schen hat immer einen geistigen Ursprung, es ist sozusagen der Spiegel seines Vorgeburtlichen, das ewige Licht, mit dem der Mensch die Erde betritt und seine Aufgaben sucht, die er sich vorgenommen hat.

leibliche Geburt

Gehen wir nun zurück zur kindlichen Entwicklung und versuchen wir den viergliedrigen Menschen unter diesen Gesichtspunkten zu verstehen. Wenn ein Kind geboren wird, sprechen wir von der leiblichen Geburt, der eine embryonale Entwicklungszeit vorausgegangen ist. Der physische Leib hat in seiner Ausbildung einen Abschluss gefunden. Nun trägt das Neugeborene alle Wesensgliederkräfte in sich, doch wirken sie noch im Verborgenen und benötigen eine altersgemäße Hülle und Pflege, um dann zu einem späteren Zeitpunkt der Entwicklung ebenfalls geboren zu werden.

Will man diesen Wachstums- und Werdeprozess verstehen, kann ein Bild aus der Natur helfen: Stellen Sie sich ein Samenkorn vor. Sie finden darin alle Anlagen einer Pflanze. Aber diese entwickeln sich erst dann, wenn der richtige Zeitpunkt dafür gekommen ist. Wenn das Samenkorn günstigsten Boden und eine Umgebung gefunden hat, in der es gedeihen kann, erfolgt der Wachstumsprozess vom Stängel zum Blatt, zur Blüte und schließlich zur Frucht. Auch hier können Sie Entwicklungsstufen und Gesetzmäßigkeiten wie bei der kindlichen Entwicklung entdecken. Jede Phase benötigt ihre Zeit und ganz bestimmte Qualitäten in der Umgebung. Dies gilt für die Pflanze ebenso wie für den werdenden Menschen.

Wirkungen des Bildekräfteleibes

Bezogen auf die Wesensglieder des Menschen bedeutet dies, dass mit der Geburt zunächst der physische Leib geboren wird. In den folgenden sieben Jahren wirkt der Lebens- oder Bildekräfteleib an diesem physischen Leib, indem er im Verborgenen die Organe des Körpers ausgestaltet und auch an der Zahnbildung der zweiten Zähne arbeitet. Wenn die bleibenden Zähne aus dem Kiefer hervortreten, endet die Phase, in der diese Lebens- oder Bildekräfte den physischen Leib ausgestalten. Sie werden dann frei und stehen dem Vorstellungsleben des Kindes zur Verfügung, welches es für das schulische Lernen benötigt. Deshalb spricht man im Zusammenhang mit dem beginnenden Zahnwechsel auch von der Schulreife.

Vom Spielkind zum Schulkind

Im Laufe des siebten Lebensjahres vollzieht sich also körperlich und seelisch-geistig eine wesentliche Veränderung. Die Lebenskräfte, die im Innern des physischen Leibes gestaltend gewirkt haben, können nun eine *Verwandlung* durchmachen. Sie können eine Befreiung hin zum schöpferischen Tun des Kindes erleben. Die Phase der Formbildung, die Individualisierung des ererbten physischen Leibes geht zu Ende. Das sichtbare Symptom hierfür ist der Zahnwechsel. Die Zähne, die jetzt aus dem Kiefer des Kindes hervorbrechen, zeigen den Formzustand, den der menschliche Leib im siebten Jahr erreicht hat. Ihre erstarrte, mineralisierte Gestalt ist ein Zeichen dafür, dass sich die bildenden Kräfte jetzt anderem zugewendet haben. Die zweiten Zähne werden zum Denkmal für die Formbildung im ersten Jahrsiebt.

Verwandlung der Lebenskräfte

Rudolf Steiner hat den Abschluss dieser Kräftewirkung und deren Verwandlung oftmals in einem Vergleich mit einem physikalischen Vorgang beschrieben:[6] dem Freiwerden von Wärme beim Gefrieren von Wasser. Im Wasser war die Wärme als latente Energie wirksam. Mit dem Erstarren tritt sie aus der Materie heraus. Sie war es, die den beweglich-flüssigen Zustand bewirkt hat. In dieser Weise verhalten sich auch die Bildekräfte im siebten Lebensjahr. Sie werden nun in der Seele, im Bewusstsein und Vorstellungsleben des Kindes tätig.

Gestaltwandel

Mit dem Zahnwechsel macht das Kind auch einen Gestaltwandel durch. Die Gliedmaßen beginnen in die Länge zu wachsen, die Kleinkindgestalt streckt sich, die Fettpölsterchen verschwinden. Muskeln werden sichtbar und die Gelenke treten in Erscheinung, was man oft an den Knien gut beobachten kann.

Die Bewegungen werden eckiger und zielbewusster. Das Kind beginnt ausholend zu schreiten. Auch der Rumpf verändert sich: Am Übergang des Brustkorbes zum Bauch bildet sich eine Taille und der Bauch flacht sich ab. Die Wirbelsäule erhält ihre S-Krümmung und wirkt dadurch zierlicher. Der Schultergürtel verbreitert sich und gibt mehr von seinem Aufbau zu erkennen: Die Schlüsselbeine zeichnen sich ab und am Rücken treten die Schulterblätter hervor. Der Hals wächst etwas in die Länge, so dass sich der Kopf freier vom Rumpf abhebt. Das Verhältnis von Kopf und Rumpf ist jetzt ungefähr 1 : 6.

In der Zahnwechselzeit wandeln sich Kinder sowohl seelisch als auch körperlich. Bewegungen, Gestalt und Gesichtsausdruck spiegeln wider, dass grundlegende Veränderungen in ihnen vorgehen.

Veränderungen des Gesichts

Auch am Antlitz des Kindes gehen die Veränderungen nicht spurlos vorbei: Die Nase ist meist noch klein, aber schon etwas mehr ausgeprägt. Die Stirn dominiert weniger, die Augen wirken kleiner im Verhältnis zum ganzen Gesicht als zuvor, sie bekommen einen mehr abwartenden, bewussten und manchmal kritischen Ausdruck. Nun beginnt das Kind die Fähigkeit auszubilden, rechts und links zu unterscheiden und ein Symmetrieverständnis zu entwickeln. Der Mund wirkt schmaler und entschlossener.

Das Schulkind bietet nun einen Anblick, der geprägt ist von Beweglichkeit, Geschmeidigkeit und Eleganz. Dieser leibliche Gestaltwandel geht mit einem tiefgreifenden seelischen Umbau einher.

Der seelische Umbau im Gestaltwandel

Das Vorschulkind ist für die Welt, die es umgibt, noch ganz offen. Man spricht ja in dieser Zeit sogar von dem Kind als einem Sinnesorgan, das die Umgebung in sich hineinholt und sich nachahmend entwickelt. Im siebten Lebensjahr beginnt das Kind sich dann von seiner Umwelt zu distanzieren. Es entsteht eine erste dünne Wand zwischen der Innen- und Außenwelt, die immer dicker wird mit dem Heranwachsen des Kindes.

Distanz zur Umwelt

Wir können uns diese Wand am besten als eine zweite Haut – eine Seelenhaut vorstellen. Das Kind wird mit dem Wachsen dieser Seelenhaut innerlich immer unabhängiger, sein Ich-Bewusstsein immer stärker.

Das kleine Kind im Alter von drei bis sechs Jahren, das sich das Ich-Bewusstsein erobert, ist damit beschäftigt, ein vorläufiges Weltbild aufzubauen. Nun verspürt es zunehmend den Drang, dieses Weltbild auch nach außen darzustellen und mit vermehrter Welterfahrung auch zu verändern. Es betritt selbständig eine Art neuer Landschaft. Hat es vorher noch im sicheren Boot seiner Eltern gesessen und sich fahren lassen, getragen von dem Rhythmus der häuslichen Gewohnheiten, so beginnt nun ein neuer Reiseabschnitt in die soziale Landschaft. Damit sind ganz eigenständige Erfahrungen verbunden, die an dem begrenzten Weltbild der ersten sieben Jahre rütteln.

Öffnung des begrenzten Weltbildes

»Der Jan kriegt schon eine Mark Taschengeld in der Woche und ich gar nichts« tönt es dann vielleicht. Oder: »Jonas darf jeden Abend einen Film sehen und ich nie!« Oder: »Die fliegen mit dem Flugzeug nach Indien, das möchte ich auch mal.« Oder: »Katrin hat einen eigenen Wecker, der morgens für sie klingelt.« Oder: »Die großen Jungen lassen auch ihre Schnürsenkel offen, warum darf ich das nicht?« Es ließen sich unendlich viele Beispiele anschließen.

Ablösungsprozesse

Deutlich wird, dass dieser innere Gestaltwandel eine Art *Lösungsphase* ist: Die Bindung an Haus und Familie lockert sich. Das drückt sich oft schon darin aus, dass das Kind bei einem Spaziergang nicht mehr an der Hand gehen mag und sich in der Öffentlichkeit ungern küssen lässt. Auch die Beziehungen zu den Geschwistern verschlechtern sich häufig. Die Jungen beginnen rüpelhaft und ruppig zu werden, während die Mädchen sich zickig benehmen und bei jeder Gelegenheit zu kreischen anfangen. Unverträglichkeiten mit Spielkameraden und eine Neigung zu Streitsüchtigkeit sind Merkmale dieses Gestaltwandels. Zwischenmenschliche Spannungen sind also für diese Lebensphase charakteristisch!

Vergrößerung des Erlebnisradius

Immer mehr vergrößern die Kinder ihren Aktions- und Erlebnisradius, beginnen kleine Einkäufe zu erledigen, nahe wohnende Freunde allein zu besuchen und werden insgesamt unabhängiger. Unsere Tochter, die gerade mit 6 1/4 Jahren mitten im Gestaltwandel und kurz vor dem Zahnwechsel steht, lässt sich täglich inmitten von Feldern und Wiesen aus dem Auto aussetzen, um den restlichen Heimweg alleine anzutreten. Sie kommt dann mit den allerschönsten Blumensträußen voller Stolz und mit roten Wangen zu Hause an.

Bewegungsfreude und Tätigkeitsdrang

Auch hier wird erlebbar, wie eng die seelischen Veränderungen mit den leiblichen verflochten sind. Bewegungsfreude und Tätigkeitsdrang nehmen beträchtlich zu, was sich einerseits in Selbständigkeit und neuer Kreativität, andererseits aber auch in Unruhe und Umtriebigkeit äußert. Die Kinder toben gerne voller Übermut herum und schreien und lärmen unbändig. Der Wachstumsschub, der den leiblichen Wandel verursacht, hat offensichtlich eine deutliche Steigerung des vitalen Antriebs zur Folge.

Aber diese Aktivität ist doch recht begrenzt: Oft wird sie in sinnlosen Unternehmungen und Zappeligkeit verpufft oder weicht unvermittelt einer müden Passivität, so dass die Kinder untätig herumtrödeln. Die Freude und das Interesse an geliebten Spielen gehen zurück, ohne dass sie ein neues Betätigungsfeld gefunden haben. Plötzlich taucht das Wort *Langeweile* auf.

Genuss-veränderungen

Mit der Steigerung des Tätigkeitsdranges lässt sich auch eine Genussveränderung beobachten: Das Verlangen nach Süßigkeiten nimmt häufig deutlich zu. Dies lässt vielleicht eine Ahnung davon aufkommen, dass ein Stück Süße des Lebens verloren geht, die Sicherheit in der Geborgenheit der Familie, und diese durch äußere Süßigkeit ersetzt sein möchte. Mein Sohn hat bis zu seinem siebten Geburtstag beispielsweise Nikoläuse und Osterhasen aus Schokolade unberührt stehen lassen können, hat überhaupt wenig genascht. Kurze Zeit später konnte er in Windeseile einen ganzen Hasen essen, bis ihm schlecht wurde.

Die seelischen Veränderungen äußern sich oft in großer Bewegungsfreude.

Man spürt deutlich, dass die Kinder in der Zeit des Zahnwechsels neuen, unsicheren Boden betreten. Sie erleben sich hin und her gerissen zwischen ihren Erfahrungen und Gefühlen als Kindergarten-

seelische Disharmonie

und Schulkind. Sie geraten zunehmend in eine seelische Disharmonie, die in Ansätzen mit dem ersten Trotzalter vergleichbar ist. Ging es im dritten Lebensjahr um die erste Ich-Geburt, die übrigens zeitlich häufig mit dem Durchtritt des letzten Milchbackenzahnes zusammenfällt, so handelt es sich im siebten Lebensjahr um eine Stärkung des kindlichen Ichs, eine neue Ich-Phase in der Persönlichkeitsentwicklung, die mit dem Erscheinen der bleibenden Frontzähne, dem ›Aushängeschild der Persönlichkeit des Menschen‹, auch nach außen hin sichtbar wird. In beiden Phasen haben wir es mit ungebändigter kindlicher Willenskraft zu tun, die sich in seelischer Zerrissenheit in Form von Widerstand und Liebebedürfnis äußert. Man kann als Eltern eine Neigung zu explosionsartigen Gefühlsentladungen und einer gewissen Widerborstigkeit wahrnehmen. Häufig schwankende Gefühle wie himmelhoch jauchzend und zu Tode betrübt lassen das Kind wie ein Schiff auf ständig wechselndem Seegang erscheinen.

Unsicherheit und Leere

Zwischen dieser abklingenden Introversion und der aufkommenden Extroversion empfinden viele Kinder Unsicherheit und Leere: »Ihr seid ungerecht, immer kriege ich die Schuld!« heißt es dann vielleicht, begleitet von heftigem Aufstampfen und Schreien. Nicht selten wirft sich das Kind dann schluchzend auf sein Bett.

Ängste

Oft äußern sich die seelischen Veränderungen dieser Lebensphase auch in Form von Ängsten. Furcht bei Dunkelheit und nächtliches Aufwachen aus Alpträumen sind bekannte Symptome dieser Zeit, ebenso wie unbestimmte Schmerzerscheinungen, beispielsweise unspezifisches Bauchweh in der Gegend des so genannten Sonnengeflechtes, einem Nervenzentrum, das etwa zwei Fingerbreit über dem Bauchnabel und darum herum zu finden ist. In den Träumen spielen wilde Tiere eine große Rolle, wie sich überhaupt der Schlaf des Kindes verändert. Im Kapitel ›Vom Traumleben des Schulkindes‹ (Seite 92 ff.) wird davon noch ausführlicher die Rede sein. Manche Kinder können auch nur bei Licht einschlafen.

Das Kind erlebt also eine innere Unsicherheit, die daraus entspringt, dass die alten Formen des Kindergarten- und Vorschulkindes gesprengt sind, sichtbar in Gestaltwandel und dem Wechsel der oberen und unteren Frontzähne, aber ohne dass die neuen Formen der ausgewachsenen Schulkindgestalt sich bereits voll herauskristallisiert haben. So steht das Kind tatsächlich auf unsicherem Boden.

Empfindlichkeit im Ich-Gefühl

Je größer aber die Unsicherheit, desto größer auch die Empfindlichkeit im *Ich-Gefühl*. Mein Sohn hat in der ersten Zeit seines Zahnwechsels eine große Unruhe in den Händen gehabt; man kann wirklich sagen, sie mussten alles anfassen. Im Supermarkt ging er mit den Fingern an den Dosen entlang wie an einem Gartenzaun, den er übrigens auch mit dem Stock nicht ausließ. Er, der sonst eher phlegmatisch-ruhig war, strahlte eine Unruhe und Unsicherheit aus, die oft nur schwer auszuhalten war. Als ich ihn einmal in mütterlicher Aufgebrachtheit fragte: »Was ist bloß los mit dir?«, fing er bitterlich an zu weinen und sagte: »Ich weiß auch nicht, warum das so ist, eigentlich will ich das gar nicht tun.« Jede kleinste Ermahnung ließ ihn in Tränen ausbrechen.

An seiner kleinen Schwester konnte er in dieser Zeit kaum vorbeigehen, ohne sie zu knuffen. Auf seinem Stuhl am Tisch hing er mehr als dass er saß, und wenn er müde war, lümmelte er sich auf dem Teppich herum und bot den Anblick eines Kindes, das nicht mehr in sich ruhte.

Wir haben ihm dann ›von außen‹ geholfen, indem mein Mann ihm eine Fußstütze an den Stuhl baute und er ein dickes Schaffell auf die Sitzfläche bekam, so dass er auf diese Weise mehr Halt erfahren konnte. Aber auch immer wieder durch Körperkontakt gehalten zu werden wirkt in dieser labilen Zeit stärkend.

Sinn für Humor

Durch den Gestaltwandel beginnt noch eine andere Saite in der kindlichen Seele zu erklingen. Es entwickelt sich ein ausgeprägter Sinn für Humor. Die Kinder bekommen Freude an lustigen Geschichten und erste Witze werden erzählt. Die Jungen beginnen sich auf humorvolle Weise zu raufen und zu fangen, während die Mädchen verstärkt kichern und tuscheln oder auffallend redselig werden. Bei den Jungen kann man beobachten, dass sie vermehrt Kraftausdrücke gebrauchen, gegenüber welchen das Wort ›cool‹ sicherlich harmlos ist.

Die folgende Geschichte drückt in wunderschöner Weise die seelische Krise des Zahnwechselkindes aus. Sie handelt von dem kleinen Jungen Sesé, der einen Baum zum Freund hat. Diesem erzählt er von seinen Sorgen und Freuden.

Eines Tages besucht er seinen Onkel Edmundo, um etwas Wichtiges mit ihm zu besprechen:

»Grüß Gott, Onkel! Ich möchte was wissen. Es ist mir sehr wichtig. Kannst du singen, ohne zu singen?«

»Das versteh ich nicht recht.«

»So.« Und ich sang eine Strophe aus dem *Kleinen Haus*.

»Aber du singst doch wirklich, oder?«

»Das ist es ja gerade. Ich kann das genauso in mir drin tun, ohne außen zu singen.«

Er lachte über den sonderbaren Einfall, wusste aber noch nicht, worauf ich hinauswollte.

»Sieh mal, Onkel, als ich ganz klein war, meinte ich, ich habe einen Vogel in mir drin, und der singt. Es war eben er, der sang.«

»Na ja. Es ist doch wunderbar, dass du solch einen Vogel hast.«

»Du verstehst mich nicht. Es ist nämlich so, dass ich nicht mehr so richtig an den Vogel glauben kann. Und wenn ich jetzt in mir rede und sehe?«

Nun begriff er und lachte über meine Verwirrung.

»Ich will's dir erklären, Sesé. Weißt du, was das heißt? Es heißt, dass du größer wirst. Und wenn man heranwächst, dann nennt man das, wovon du sagst, dass es in dir redet und sieht, den Verstand. Der Verstand bewirkt, wie ich dir einmal gesagt habe, dass du bald …«

»Dass ich vernünftig werde?«

»Fein, dass du dich daran erinnerst. Da geschieht dann nämlich ein Wunder. Der Verstand wächst und wächst und erfüllt unseren ganzen Kopf und unser Herz. Er ist in unseren Augen und in allem, was zu unserem Leben gehört.«

»Ich weiß. Und der Vogel?«

»Der Vogel wurde von Gott geschaffen, um den kleinen Kindern zu helfen, damit sie sich mit allem zurechtfinden. Später, wenn ein Kind den Vogel nicht mehr braucht, dann schickt es ihn zu Gott zurück. Und Gott schenkt ihn einem anderen Kind, das so klug ist wie du. Ist das nicht schön?«

Ich lachte und war glücklich, weil ich nun ›Verstand‹ hatte.

»Ja, fein! Aber jetzt geh ich.«

»Und der Zehner?«

»Heute nicht. Ich hab sehr viel zu tun.«

Während ich heimging, dachte ich über alles nach. Mir fiel aber etwas ein, und ich wurde sehr traurig. Totoca hatte mal einen sehr hübschen Kanarienvogel gehabt. Der war so zahm, dass er auf seinen Finger hüpfte, wenn er ihm frisches Futter gab. Die Tür konnte ruhig offen bleiben, er flog nicht weg. Einmal vergaß er ihn draußen in der Sonne. Und die heiße Sonne war sein Tod. Ich dachte an Totoca, wie er ihn in der Hand hielt und weinte und weinte und das tote Vögelchen an sein Gesicht drückte. Dann sagte er: »Nie, nie wieder will ich einen Vogel fangen.«

Ich war dabei und erklärte: »Ich auch nicht, Totoca.«

Ich kam zu Hause an und ging geradewegs zu Knirps.

»Pützchen, ich bin hergekommen, um was zu tun.«

»Was denn?«

»Warten wir noch ein bisschen?«

»Ja, gewiss.«

Ich setzte mich und lehnte meinen Kopf an seinen dünnen Stamm.

»Worauf warten wir denn, Sesé?«

»Bis eine besonders hübsche Wolke hoch oben am Himmel ist.«

»Weshalb?«

»Ich will meinen kleinen Vogel freilassen. Wirklich. Ich brauche ihn nicht mehr.«

Wir schauten zum Himmel hinauf.

»Ist die da recht, Knirps?«

Langsam zog die Wolke näher. Sie war sehr groß und sah wie ein ausgeschnittenes weißes Blatt aus.

»Die ist es, Knirps.«

Erregt stand ich auf und öffnete mein Hemd. Ich spürte, dass sich etwas aus meiner Brust löste.

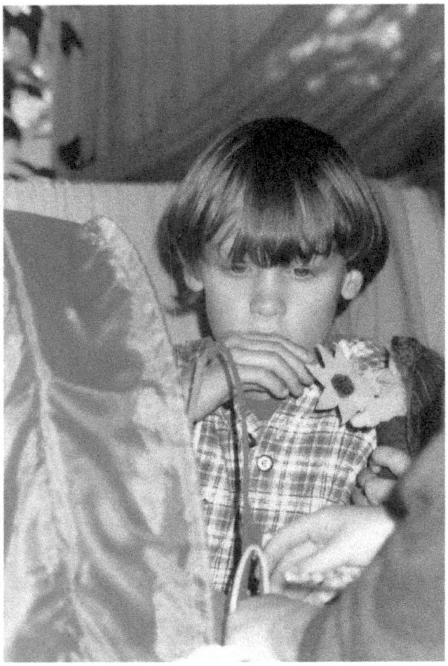

»Flieg, mein kleiner Vogel. Flieg weit in die Höhe. Steig auf und setz dich auf Gottes Finger. Gott wird dich einem anderen Kind schenken, und für das sollst du genauso hübsch singen, wie du immer für mich gesungen hast. Lebe wohl, mein schöner Vogel!«

Ich fühlte eine grenzenlose Leere in mir.

»Schau, Sesé, er hat sich auf den Finger der Wolke gesetzt.«

»Ich hab's gesehen.«

Ich lehnte den Kopf an das Herz meines Orangenbaums und schaute zu, wie die Wolke fortzog.

»Ich bin nie bös zu ihm gewesen.«

Jetzt drehte ich mein Gesicht seinem Ast zu: »Pützchen?«

»Was ist?«

»Findest du es schlimm, wenn ich weine?«

»Weinen ist nie schlimm, du Dummer. Warum denn?«

»Ich weiß nicht, ich hab mich noch nicht dran gewöhnt. Ich glaub, der Käfig in mir drin ist zu leer geworden ...«[7]

»Was wir an dem Kinde tun,
das tun wir nicht bloß für den Augenblick,
sondern für das ganze Leben. [...]
Die Gesundheit der älteren Menschen
auf Erden ist abhängig von der Art
und Weise, wie man sich verhält im
kindlichen Lebensalter zur Seele.«

Rudolf Steiner[8]

Der Zahnwechsel als Ausdruck des Irdisch-Werdens

Auch in der folgenden Betrachtung wollen wir wieder die Menschenkunde Rudolf Steiners als Grundlage nehmen und davon ausgehen, dass der Mensch außer dem physischen Leib noch einen feineren Leib hat, den Äther-, Bildekräfte- oder Lebensleib. Dieser Lebensleib verfügt über die Kräfte für das Wachstum und die Ernährung des physischen Leibes, aber auch über jene Kräfte, auf denen unser Gedächtnis, unsere Erinnerung und Vorstellungsbildung beruht. Weiter haben wir den Seelen- oder Astralleib und das Ich als Wesensglieder des Menschen kennen gelernt.

der viergliedrige Mensch

Bildung der Wesensglieder

Die Bildung dieser verschiedenen Wesensglieder ist vergleichbar mit dem Bau eines Hauses. Aus dem Vorgeburtlichen bringt jedes Kind ein eigenes Ich mit, welches Ausdruck seiner Individualität ist und gewissermaßen einen Bauplan in sich birgt. Diese Individualität versucht die anderen Wesensglieder so zu prägen und zu gestalten, dass sie zu diesem einmaligen Ich passen, das sich auf der Erde *verkörpert*. Als Eltern können wir den heranwachsenden Kindern helfen, indem wir ihnen für den Aufbau des physischen Körpers und des Lebensleibes gesunde Nahrung und Kleidung, Wohnraum und eine Umgebung mit gesunder Natur bieten. »Beim Aufbau des Seelenleibes helfen vor allem Ruhe, Rhythmus, Atmosphäre, Aufmerksamkeit, Wärme und Vertrauen. Das Ich braucht Freiheit, Liebe und Anerkennung.«[9]

Wie nun ein Kind an seinem ›Haus‹ baut, können wir von dem Moment der Geburt an wahrnehmen. Es ist sozusagen mit dem Rohbau auf die Welt gekommen, nun müssen noch andere Qualitäten entwickelt werden. Der Rohbau ist vergleichbar mit einem Neubau, in dem noch die Heizkörper angebracht und die elektrischen Leitungen verlegt werden müssen. Es soll hell und warm in dem Hause des Kindes werden können, dafür muss es so eingerichtet werden, dass es gemütlich und wohnlich darin ist. Ein neues Haus wird meist erst vollständig bezogen, wenn die Vorarbeiten abgeschlossen sind, vorher stattet der neue Besitzer seinem Neubau nur Besuche ab. Er versucht, sich mit seinem Zuhause zu verbinden, und bereitet sich darauf vor, seine zukünftige Behausung zu bewohnen. Das, was dann die Umgebung des Hauses ist, die Straßen, benachbarte Häuser und Läden, die Kanalisation, Elektrizität, Heizung und Möbel, alle Dinge, die nicht das Haus sind, kann man mit der Seele des Kindes vergleichen. Und der Bauherr und Bewohner des Hauses und seiner Umgebung ist das Ich.

Bereits während des Bauprozesses lassen sich gut die charakteristischen Eigenschaften des zukünftigen Bewohners erkennen. Viele Kinder wollen kein Hoch- oder Reihenhaus bauen, sondern ein sehr individuell geprägtes Haus, das in Maßarbeit gefertigt ist.

verschiedene Phasen der Ich-Geburten

Die stärksten Bau- bzw. Umbauprozesse sind während der verschiedenen Phasen der Ich-Geburten zu beobachten, in den Zeiten also, wenn das Ich auf seinem Weg ›in sein Haus‹ einen deutlichen Schritt nach vorn macht. Diese Phasen fallen auch immer mit bedeutenden Geschehnissen im Zahndurchbruch zusammen:

- In der Nein-Phase im Trotzalter (ungefähr mit zweieinhalb Jahren) vervollständigt sich das Milchgebiss.
- Zu Beginn des Zahnwechsels (ab etwa sechseinhalb Jahren) werden die Frontzähne ausgetauscht. Das Kind zeigt zum ersten Mal seine ureigenen, in Form und Stellung individuellen Zähne, die es ganz verändert aussehen lassen.
- Nach einer Pause im Zahnwechsel werden in der ersten Autoritätskrise im neunten Lebensjahr (Rubikon) Eckzähne und die ersten Prämolaren (4er) ausgetauscht. Bezeichnenderweise gelten die Eckzähne als Ausdruck gesunder Aggressivität und Selbstbehauptung, mit der sich das Kind seinen Platz in der Welt sucht.[10]
- In der Pubertätskrise, mit Beginn des zwölften Lebensjahres,

brechen die zweiten Molaren (7er) durch. Bis auf die Weisheitszähne ist das bleibende Gebiss nun vollständig.

Diese Phasen sind Ausdruck der sich verkörpernden Individualität, das Ich des Kindes wird allmählich geboren. Diese ›Geburten‹ können gut mit einem physischen Geburtsprozess verglichen werden. Das Kind wird sozusagen aus der geistigen Wirklichkeit heraus in die irdische Inkarnation hineingetrieben. Wie die physische Geburt mit Schmerzen verbunden ist, kann auch diese Austreibung von ›Wehen‹ begleitet werden. Die Ich-Phasen sind die Wehen beim Geburtsprozess des Geistes.

Das Gebiss als Spiegel der geistig-seelischen Entwicklung

Im Gebiss des Kindes, einem physischen Spiegel seiner geistig-seelischen Entwicklung, kann man förmlich ›lesen‹, um Hinweise dafür zu bekommen, wie die dem Auge verborgenen, inneren Schritte des Heranwachsens ergriffen werden.

Jeanne Meijs weist in ihrem Buch *Problemkindern helfen* darauf hin, wie sinnvoll es ist, diese allgemein gültigen Ich-Phasen zu kennen, dass es aber noch wichtiger ist, auf diese ganz individuellen ›Ich-Momente‹ zu achten. Diese kennzeichnen den persönlichen Weg des sich inkarnierenden Geistes. Zur Verdeutlichung führt Jeanne Meijs einige Beispiele für solche Ich-Momente an:

›Ich-Momente‹

Ein Kind ist sehr willig, fügt sich jedem Wunsch seiner Freunde und verhält sich passiv und abwartend. In so einem Fall ist es wichtig, den Moment wahrzunehmen, in dem das Kind zum ersten Mal sagt: »Jetzt bin ich dran! Jetzt spielen wir das, was ich erfinde und was ich will!«

Ein anderes Kind kann ›mein‹ und ›dein‹ nicht immer richtig unterscheiden. Es fällt ihm schwer, sich selbst einzuschätzen. Wenn dieses Kind dann irgendwann einmal zu seinem Erzieher kommt und selbst gesteht, dass es etwas weggenommen hat, dann zeigt sich in dieser Äußerung ein Durchbruch des Ich.

starkes Wachstum

Das Hineinwachsen des Ich auf der physischen Ebene kann man besonders dann wahrnehmen, wenn ein Kind gerade auffällig stark ›in die Höhe schießt‹. Es wächst gewissermaßen tiefer in den Körper hinein. Dies kann man meist sehr gut beim Gestaltwandel zur Zahnwechselzeit beobachten.

Mit dem Zahnwechsel kommt ein umfassender Umbau des Leibes zum Abschluss. Zum Zeitpunkt der Geburt hat das Kind sozusagen einen ›Modell-Leib‹ oder Erbleib von seinen Eltern bekommen, der zunächst noch relativ wenig individuell gestaltet ist und den es sich nach seinen ureigenen Gesetzen zum eigenen Leib umbaut. Dieser zweite Leib ist dann das Produkt des seelisch-geistigen Wesens des Menschen.

vom Erbleib zum individuellen Leib

Rudolf Steiner hat diese Gesetzmäßigkeit eindrucksvoll beschrieben: »Gewiss, man wirkt schon von der geistigen Welt herunter, damit man nicht einen völlig unpassenden Körper bekommt, aber man bekommt einen ziemlich unpassenden Körper zumeist. Man passt zumeist gar nicht hinein in einen solchen Körper. Wenn nur ein klein wenig ein Handschuh auf einer Hand so wenig passen würde, wie in der Regel ein Körper auf eine Seele passt, so würden Sie diesen Handschuh in alle Ecken des Himmels werfen. Es würde Ihnen gar nicht einfallen, den Handschuh anzuziehen. Aber wenn Sie aus der geistigen Welt heruntersteigen und einen Körper haben wollen, dann müssen Sie eben einen nehmen. Und diesen Körper haben Sie nun bis zum Zahnwechsel. Denn es ist so, dass eigentlich alle sieben bis acht Jahre unsere äußere physische Materie ganz ausgetauscht wird, im Wesentlichen wenigstens, nicht für alles. Die Zähne, die wir zuerst bekommen, werden gewechselt, dann bleiben sie uns.«[11]

In diesen sieben Jahren, in denen der ›Modell-Leib‹ umgebaut wird, ist das Kind bis zur Zeit des Zahnwechsels von einer feinen Äther- oder Lebenshülle und einer Seelenhülle umgeben. War es bis zur Geburt die physische Mutterhülle, so sind es nun die feinstofflichen Hüllen, die das Kind vor verfrühten Eindrücken schützen können. Bis zum Zahnwechsel können gewisse Eindrücke, die an den Bildekräfteleib kommen, diesen ebenso wenig erreichen wie Licht und Luft der materiellen Welt den physischen Leib des Kindes im Mutterleib erreichen konnten. Dieser Ätherleib des Kindes bleibt in den ersten sieben Jahren noch umgeben von einer Hülle mütterlicher Lebenskräfte, er bleibt geschützt und behütet bis zum Zahnwechsel. Der Moment, in dem die mütterliche Hülle abgestreift wird und eine zweite Geburt stattfindet, ist für die kindliche Entwicklung

Schutz vor verfrühten Eindrücken

sehr wichtig. Der eigene Bildekräfteleib, der in den vergangenen sieben Jahren den Umbau des Erbleibes vollzogen hat, wird nun frei! Mit dem Zahnwechsel beginnt jetzt die Zeit, in der von außen erziehend auf den Bildekräfteleib eingewirkt werden kann (siehe Seite 69 ff.). Dem Kind stehen nun die Kräfte zur Verfügung, die es für das schulische Lernen braucht.

das Freiwerden der Bildekräfte

Mit dem Schulalter tritt verstärkt der Wunsch auf, von anderen Menschen etwas zu lernen. Gleichzeitig bleibt ihm noch etwas von der Sehnsucht nachzuahmen aus den früheren Jahren erhalten. Gerade diese Kräfte von Vorbild und Nachahmung, aber auch der Suche nach einer liebevollen Autorität werden in der Schule zum Erlernen von Lesen und Schreiben genutzt.

Das Schulkind im Zwiespalt

Die Veränderungen des physischen Körpers bis zum Zahnwechsel sind also ein Ergebnis derselben Kräfte, die nach dem siebenten Jahr als Verstandeskräfte, als intellektuelle Kräfte auftreten. Waren diese erst ein innerer Bildhauer für die Gestaltung seines Leibes, so werden sie nun, wenn die härtesten plastischen Formungen im Zahnwechsel ihren Abschluss gefunden haben, ein äußerer Bildhauer seines Seelenlebens. Diese plastischen Kräfte sind dem Kind für das Lernen in der Schule frei geworden, verwandeln sich in Verstand und Intelligenz. Es will malen, zeichnen, schreiben, lesen und rechnen lernen und trägt die Samen zum Keimen bereits in sich. Aber diese Samen müssen mit einer tiefen Menschenkenntnis gepflegt werden, damit sie in rechter Weise aufgehen und behutsam wachsen können. Das kann nicht geschehen, indem man Lehrpläne aufstellt, die sich nach äußerlichen, sachlichen Gesichtspunkten richten, sondern nur, wenn man stets die inneren Gesetzmäßigkeiten der Entwicklung eines Kindes vor Augen hat. Gerade in der Zeit des Zahnwechsels ist dies besonders wichtig, weil das Kind mit den Zähnen förmlich ›sein Gesicht verliert‹ und ›sich aus der Mitte geworfen‹ fühlt.

die Verwandlung der Bildekräfte

behutsamer Umgang mit den Verstandeskräften

Es muss nun eine neue Mitte gebildet werden. Einerseits plastiziert das Kind diese Mitte in seinem Mund, wenn es die Schneidezähne wechselt. Damit erobert es sich im Kopfbereich die Mitte. Parallel dazu entwickelt es ein Verständnis für symmetrische Formen.

Bildung einer neuen Mitte

Solange die symmetriebildenden Kräfte noch durch das Wachstum an den Körper gebunden waren, indem sich symmetrische Organe ausgebildet haben, ohne dass das Kind sich dessen bewusst war, konnte es die Symmetrien des eigenen Körpers und der Umwelt

symmetriebildende Kräfte

nicht wahrnehmen. Mit dem Abschluss dieser organbildenden Kräfte beginnt es nun rechts und links zu unterscheiden und Voraussetzungen für das Formenwahrnehmen zu entwickeln (siehe auch das folgende Kapitel über Kinderzeichnungen).

Eingewöhnung in das schulische Lernen

Eine Grundvoraussetzung für das schulische Lernen ist im Kinde erwacht. Doch wie jedes Erwachen in Phasen verläuft, stehen dem Kind die neuen Fähigkeiten nicht gleich in vollem Maße zur Verfügung, sondern es bedarf der Einfühlsamkeit und pädagogischer Hilfen, um ihm beim Übergang zum reifen Schulkind zu helfen. Bei vielen Kindern lassen sich zu Beginn der Schulzeit noch spiegelbildliche Vertauschungen und Unsicherheiten in der Rechts- und Linkshändigkeit bemerken, weil die entsprechenden Entwicklungsschritte noch nicht abgeschlossen sind.

In diesem Zusammenhang ist es wichtig, dem Kind den Schritt in sein neues Dasein als Schulkind zu erleichtern. Auf den Seiten 71 ff. und 78 ff. werde ich noch detailliert auf pädagogische Hilfen zu sprechen kommen.

Kinderzeichnungen oder Hanna malt

das Malen von ›Zahnbildern‹

Hanna malt. Sie malt ›Zahnbilder‹ – zum erschreckten Erstaunen ihrer Mutter, denn Hanna ist erst fünfeinhalb Jahre alt.

Die kleine Hanna ist älter geworden. Aus ihren Kritzeleien sind später Kreise, dann spiralige Schnecken, Kästchen und dann meist fröhliche Kopffüßler geworden. Und nun malt sie auf einmal Prinzessinnen und Ritter mit Armen und Beinen. Oder ein Schloss mit Türmen und Soldaten rechts und links, und ein älterer Freund, der von kindlichen Entwicklungsstufen und Zähnen keinerlei Ahnung hat, sagt erstaunt: »Schau mal, das sind ja die Eckzähne.«

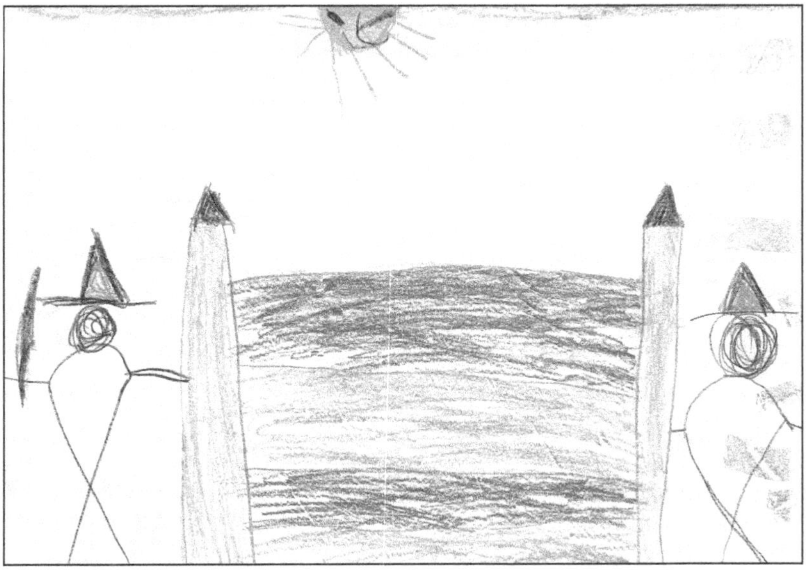

Es werden immer mehr Zahnbilder in schöner Regelmäßigkeit, mit Türmen und Zinnen, Häusern mit vielen Fenstern, Blumen in Reih und Glied, Vögel, die einer neben dem anderen über den Himmel ziehen. Aus dem früheren Durcheinander der Motive auf ihren Bildern entsteht *Ordnung* im Bildaufbau. Es gibt ein Oben und Unten, rechts und links, was Hanna jetzt allmählich auch unterscheiden kann, manchmal in schöner Symmetrie, wie auf dem Schlossbild. Typisch ist das Aneinanderreihen von gleichartigen Dingen, von Blumen, Vögeln, Bergen, unzähligen Fenstern auf Schiffen zum Beispiel.

Ordnung im Bildaufbau

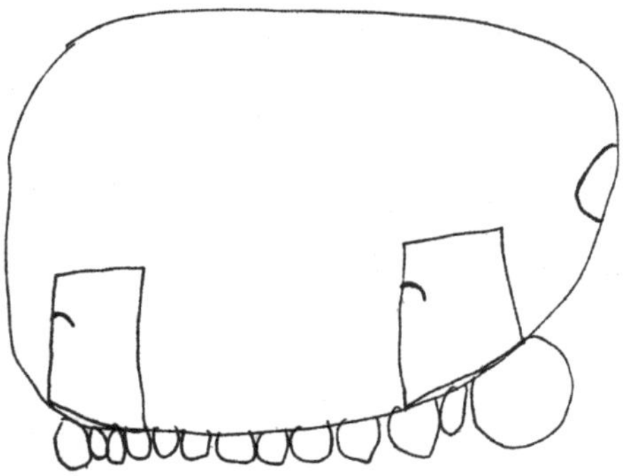

Viele Kinder, die kurz vor dem Zahnwechsel stehen, malen auffälligerweise immer wieder Reihen von gleichartigen Dingen, die wie Zähne nebeneinander stehen (aus: Holtzapfel, Bd. II).

Auch andere Zeichen der Zahnwechselzeit zeigen sich. Hanna ist so zappelig, dass manchmal sogar die Füße auf dem Esstisch landen wollen. In labilen Phasen nuschelt sie beim Sprechen, läuft mit dem Rücken an der Tapete entlang, um sich selbst besser spüren zu können, und vieles andere mehr. Als der erste Zahn dann merkbar wackelt, tritt mit der unbändigen Vorfreude auf die Lücke – sie trägt die Zahndose vorsichtshalber immer bei sich – eine fröhliche, ruhigere Seite ihres Wesens in Erscheinung, begleitet von Mitgefühl für ihre Umgebung und viel Interesse und Anteilnahme an dem, was um sie herum geschieht.

Bilder als Spiegel der Lebensvorgänge

Die Bilder unserer Kinder in den ersten sieben Lebensjahren geben uns Hinweise darauf, lassen uns gewissermaßen ablesen, wie ihr körperlicher Entwicklungsstand gerade ist. Wolfgang Schad beschreibt, dass das Malen des kleinen Kindes bis zur Schulreife ein Ausdruck der Lebensvorgänge ist, die in uns Tag und Nacht unbewusst ablaufen und uns mehr und mehr von unserem Körper Besitz ergreifen lassen. »Kritzeleien und Kleckereien sind die täglichen Nebenprodukte der wichtigsten Leistungen dieser Jahre.«[12]

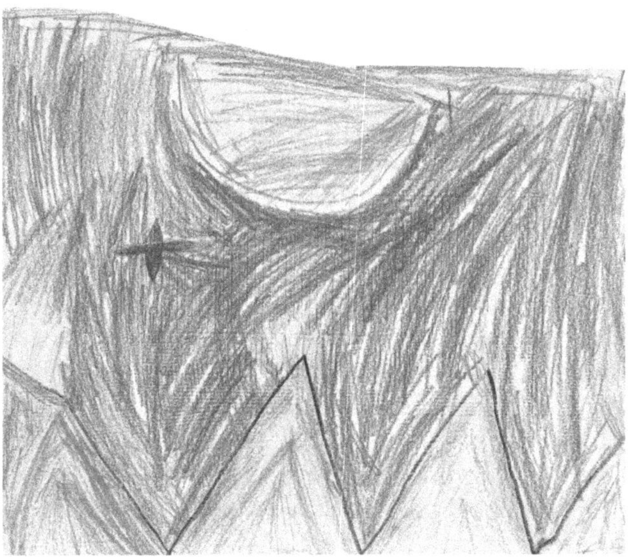

Ordnung und Symmetrie

So ist die zunehmende *Ordnung*, die sich in den Zahnwechselbildern zeigt, Ausdruck für die Ordnung, die in der leiblichen Organisation entstanden ist, *symmetrische Abbildungen* Ausdruck für körperliche Symmetrie (beispielsweise im Kiefer, bei den bleibenden Zähnen). Die Menschen haben jetzt einen *Kopf*, den sie frei auf Brustkorb und Bauch tragen und der nicht mehr direkt mit den Gliedmaßen verbunden ist, es hat sich der *Rumpf als Mitte zwischen Kopf und Gliedmaßen gebildet*. Darin spiegelt sich die Streckung des kindlichen Körpers, die Bildung der Taille und die Reifung der Stoffwechselorgane.

Häuser als beliebtes Motiv

Die vielen *Häuser* mit Ein- und Ausgängen machen deutlich, dass das Kind gewissermaßen in sein eigenes Haus, seinen Körper eingezogen ist, dessen Türen und Fenster es weit aufmachen kann, um in die Welt hinauszugehen, die es aber auch verschließen kann, um sich darin zurückzuziehen. Diese ›Trennung‹ bedeutet, dass das Kind freier wird von seiner Umgebung, in die es vorher undistanziert eingebettet war. Es erringt diese Freiheit um den Preis größerer Unsicherheit auf neuem, schutzloserem Terrain. Unspezifische

Bauchschmerzen sind oft ein typisches Symptom für diese Zeit, ebenso wie die Tatsache, dass das Kind nun seine eigene körperliche Befindlichkeit stärker empfindet als zuvor.

So hatte sich auch Hanna mit dem ersten neuen Zahn verändert, so sehr, zumindest in ihrem eigenen Empfinden, dass sie sich nach den Sommerferien mit in die Hüften gestemmten Händen keck vor ihrer Kindergartenfreundin Leonie aufbaute und fragte: »Na, erkennst Du mich noch?«

Kieferform und Zahnstellung

Form als Folge und Abbild von Bewegung

Im Lebendigen ist die Form Folge und Abbild der Bewegung und der dadurch einwirkenden Kräfte auf lebendige Strukturen. Und so wie die Kraft des Windes die neu gepflanzte aufrechte Eiche im Lauf der Jahre zu einem schiefen Baum werden lässt, an dem man erkennt, aus welcher Richtung der Wind weht, hinterlassen Bewegungen und deren Kräfte Spuren am Menschen.

Man sieht einem Menschen an seinen Falten an, ob er viel gelacht oder ein sorgenvolles Leben gehabt hat, ob sich sein Rücken durch harte Arbeit gebeugt hat, und das ›Magengesicht‹ kündet vom ständig erlebten Schmerz eines Magengeschwüres, der alles zusammenzieht.

äußere und innere Bewegungen

Bewegung erzeugt Form – und Form erzeugt Bewegung. Und so bildet schon das kleine Kind alle Formen und Bewegungen, die es erlebt, durch unbewusste innerliche Bewegungen nach.

Wir kennen alle das konzentriert malende Kind, dessen Zunge den Bewegungen der Hand auf dem Malpapier folgt, aber auch den Erwachsenen, der mit vor Anstrengung zusammengebissenen Zähnen einen schweren Wassereimer hochhebt. Sind wir entspannt, lösen sich unsere Gesichtszüge, strengen wir uns an, verhärten sie sich.

Die Sprache spiegelt diese inneren Zustände wider, wenn jemand ›verbissen ist‹, ›sich durchbeißen muss‹, ›vor Staunen den Mund nicht zukriegt‹ oder ›vor Angst den Kopf einzieht‹. Jemand ›zeigt seine Eckzähne‹ oder ›beißt sich auf die Zunge‹, ›verkneift sich etwas‹.

die Stellung der Zähne

So ist es auch mit unseren Kiefern und Zähnen. Die Zähne stellen sich in den Raum, in dem sich der Druck von Zunge einerseits und

Lippe und Wangen andererseits gerade aufheben, in den Raum also, den *wir* ihnen lassen. Natürlich gibt es eine genetische Komponente, Erbfaktoren, die dabei eine Rolle spielen, aber diese sind nur eine Option, eine Möglichkeit zur Formbildung, die nur dann Wirklichkeit werden kann, wenn das Individuum dies zulässt, die aber nicht zwangsläufig so eintreten muss.

Einfluss der Lebensverhältnisse auf Kieferform und Zahnstellung

Das Leben formt unsere Kiefer und unsere Zahnstellung also in entscheidendem Maße. Dies beginnt in der ersten Lebenszeit mit der Ausbildung der Zungen- und Kaufunktion und setzt sich auch beim Erwachsenen fort, was Hermann Hofmeister in eindrucksvoller Weise am Beispiel eines Jungen beschrieb, den er wegen lückiger Frontzahnstellung und zurückliegendem Unterkiefer kieferorthopädisch behandelte.[13] Dieser Junge war damals ein verwöhntes Kind aus betuchter Familie, das keinerlei Verantwortung für sein Leben übernehmen wollte und sich treiben ließ. Die kieferorthopädische Behandlung verlief mit mäßigem Erfolg. Nach dem sechzehnten Lebensjahr setzte eine Veränderung ein: Der Junge nahm sein Leben besser in die Hand und wollte anders aussehen, so dass die Behandlung mit gutem Ergebnis und in Reih und Glied stehenden Zähnen beendet werden konnte. Dr. Hofmeister begegnete seinem Patienten wieder, als dieser etwas über vierzig Jahre alt war, und fragte ihn, ob er Abdrücke der Kiefer anfertigen dürfe, um zu sehen, wie sich das Gebiss entwickelt hätte. Der Patient, mittlerweile Leiter eines Forschungsinstitutes, stimmte zu, und es zeigte sich, dass die zu Beginn der Behandlung lückigen Zähne nun eng verschachtelt im Kiefer standen. In seiner zurückhaltenden Art stellte Dr. Hofmeister die Frage in den Raum, ob dies das Resultat der anstrengenden, wenig Raum lassenden Lebensverhältnisse sei, in welchen sein Patient jetzt lebte.

Natürlich dürfen wir einen Menschen nicht nur nach seiner Zahn- und Kieferstellung beurteilen, sie können uns aber Aufschlüsse darüber geben, welchen Einflüssen er ausgesetzt war oder immer noch ist und wie wir diesen Einflüssen, die körperlichen Funktionen harmonisierend, entgegenwirken können.

Leibliche Erscheinungen als Ausdruck seelischer Prozesse

Bewegung ist ein Raum schaffender Prozess

Bei den folgenden Ausführungen ist es wichtig zu bedenken, dass die Betrachtung von Kiefer- und Zahnstellung und die daraus gezogenen Schlussfolgerungen immer nur einen Teilaspekt darstellen, der für sich betrachtet keine Beurteilung eines Menschen erlaubt. Die hier geschilderten Erscheinungen können aber Hinweise und Ahnungen in Bezug auf das Kind geben, die durch andere Informationen bestätigt werden müssen oder auch entkräftet werden können.

Ich möchte nun exemplarisch einige Beispiele beschreiben, die in zahlreichen Variationen vorkommen können.

Raumbildung

Der Mundraum, der als Abbild des seelischen Innenraumes eines Kindes gesehen werden kann, bildet sich durch den Druck der Zunge von innen und den Druck der Lippen von außen in rhythmischer Aktivität. Bei jedem Schlucken schließen sich – viele hundertmal am Tag – die Zähne und die Lippen; die Zunge legt sich an den hinteren Gaumen an und bildet dabei dessen Wölbung. Ein abgeschlossener Innenraum ist entstanden.[14] Die Lippen des Kindes bilden eine Grenze, die Außen- und Innenwelt voneinander trennt. Teil dieser Grenze sind auch die empfindlichen Frontzähne, die gewissermaßen als Sinnesorgane dienen[15] und zum Beispiel beim Biss in eine Speise an deren Konsistenz ›merken‹, ob sie bekömmlich ist oder nicht, ob sie die Grenze passieren darf oder nicht.

Lippen und Frontzähne als Grenze zwischen Außen- und Innenwelt

Für das Kind ist diese Grenze die Tür des Hauses, mit der es sich vor der Außenwelt verschließt oder sich ihr gegenüber öffnet, durch die es sich ›äußern‹ kann oder über die es etwas ›verinnerlicht‹.

Abschlussbildung

Bildet sich der Abschluss nicht, weil sich die Zunge beim Schlucken jedes Mal zwischen die Frontzähne schiebt, weil also das Kind den Übergang vom saugenden Schlucken des Kleinkindes zum ›Erwachsenenschlucken‹ nicht geschafft hat, können sich die Frontzähne nicht schließen. Es entsteht der zungenoffene Biss mit nach vorn gedrückten Frontzähnen und offener Lippenhaltung.[16] Der Kopf fällt nach vorn und wird nicht aufrecht getragen, da die Aufrechte des Kopfes als so genannte Komplexbewegung von der Zungenhaltung abhängt und umgekehrt.

der zungenoffene Biss

Der Mund steht offen, das Kind kann sein Inneres nicht von der Außenwelt abschließen, die Fenster und Türen seines Hauses klemmen und sind durchlässig.[17]

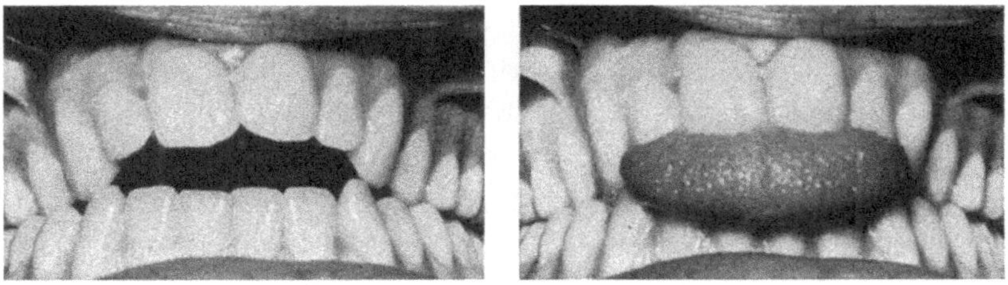

Der zungenoffene Biss. Auch bei geschlossenen Zähnen ist der Mundraum nach vorn hin offen. Dies kann ein Zeichen dafür sein, dass sich das Kind gegenüber der Außenwelt nicht abschließen kann.

Daumenlutschen und Schnuller

Auch das Daumenlutschen oder der Schnuller können in diesem Zusammenhang eine Rolle spielen. Es stellt sich dabei die Frage, ob sie der Auslöser des offenen Bisses sind oder aber ein Symptom dieser übergroßen Offenheit, die das Kind zeigt. Ich habe den Eindruck, dass manche Kinder mit dem Daumen oder dem Schnuller gewissermaßen ›ein Loch stopfen‹, das sie in ihrer Hülle haben und das sie noch nicht auf andere Weise schließen können. Eine kleine Patientin hatte die Angewohnheit, den Daumen mit einer Geste in den Mund zu führen, bei der sie sich wie selbst umarmte, sorgsam und liebevoll, und den anderen Arm um den Hals legte. Es war, als wolle sie sich selbst von außen schützen. Mit der Zeit nahm sie den zweiten Arm nicht mehr dazu und je älter sie wird, umso seltener braucht sie noch den Daumen. In Krisenzeiten, wenn er wieder in den Mund wandert, kann sie ihn schnell wieder herausnehmen, wenn die Eltern sie stattdessen umarmen und ihr auf diese Weise eine schützende Hülle bieten. Zur Vervollständigung des Bildes muss hinzugefügt werden, dass sie sehr dünnhäutig ist und immer ein ›Hautkind‹ war. Ihr Biss ist offen und sie hat es schwer, sich gegen Eindrücke von außen abzugrenzen. Dafür geht sie aber auch grenzenlos offen auf die meisten Menschen zu.

der Deckbiss

Das Gegenteil entsteht, wenn sich die Zunge zu weit in den hinteren Mundraum zurückzieht. Dann fehlt ihr Druck auf die Frontzähne und der Lippendruck überwiegt, die Zähne kippen nach innen. Dabei umfassen die oberen Zähne die unteren wie in einer Umklammerung; die Freiheit im zwanglosen Spiel von Ober- und Unterkiefer geht verloren. Der ganze Mundraum wirkt eng.

Der Muskeldruck ist hoch, manchmal so hoch, dass die Zähne durch Pressen oder Ähnliches in den Kiefer zurückgedrückt werden und nicht richtig herauswachsen können. Das Kind sieht verkniffen aus und man hat den Eindruck, dass die Süße und Leichtigkeit des Lebens fehlt. Die schweren Türen des Hauses sind fest verriegelt, und das Kind kann oder will sie nur ungern öffnen. Der Abschluss ist zu stark.

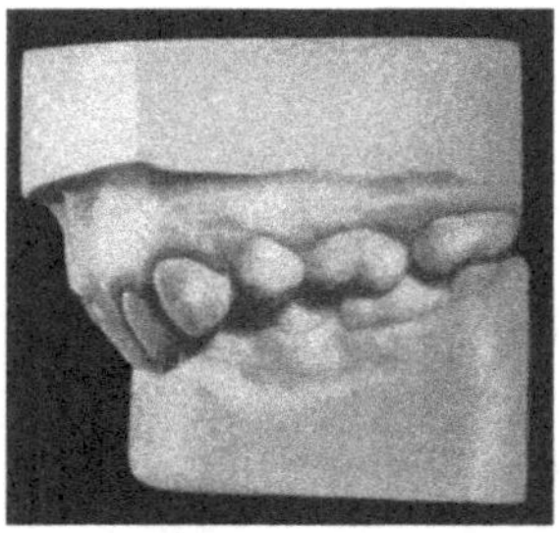

Der Deckbiss: Hierbei hält der Oberkiefer den Unterkiefer förmlich gefangen; es mangelt an Bewegungsfreiheit. Kinder mit Deckbiss wirken oft verschlossen und ernst.

Wechselspiel von Innen und Außen

Sowohl beim offenen Biss als auch beim Deckbiss hat das Kind seine Mitte im harmonischen Wechselspiel von Innen und Außen nicht gefunden. In beiden Fällen würden Bewegungsspiele, Balancieren etc. gut tun, wie sie in dem Kapitel ›Wie kann Erziehung in Familie und Schule nun aussehen?‹ beschrieben sind (Seite 71 ff.).

Konzentration und Sammlung

Alles, was zur Aufmerksamkeit anregt und sammelt, wäre dem Kind mit dem offenen Biss förderlich. Zum Klettern beispielsweise braucht man höchste Konzentration, ebenso zum Formenzeichnen (siehe Seite 75 ff.).

Spannungslösende Beschäftigungen

Einem Kind mit Deckbiss, bei dem also der Abschluss zu stark ist, helfen Tätigkeiten und Erlebnisse, die die hohe innere Anspannung abbauen, die ›weit machen‹ und lösen. Das Malen mit Wasserfarben, der Umgang mit Wasser im weitesten Sinne kann hier hilfreich sein, außerdem eine freudige und behagliche Atmosphäre.

Zunge und Bewegungsentwicklung

Die Zunge spielt also auch in der frühkindlichen Bewegungsentwicklung, die Grundlage aller späteren Bewegungsentwicklungen ist, eine wichtige Rolle. Ingvo Broich bezeichnet sie als ein Organ der Empfindungen,[18] dem im psychischen Bereich eine ausgesprochene Sinnesfreudigkeit und Empfindungsfülle entspricht. Sie ist das Organ der Mitte, das zwischen Oben und Unten vermittelt, das Sprachherz. Nicht ohne Grund sagt man: »Wovon das Herz überläuft, davon spricht der Mund.« Broich stellt außerdem fest, dass »Zungenspitzengefühl gleich Fingerspitzengefühl« ist. Ist das Kind geschickt mit den Fingern, ist es auch geschickt mit der Zunge und umgekehrt.

Zähne finden oft allein die richtige Stellung

Wenn sich das Kind in seine neue Lebenssituation der Zahnwechselzeit eingelebt hat und sich das Chaos ordnet, richten sich die Frontzähne in vielen Fällen im rhythmischen Wechselspiel von Zunge innen und Lippe außen von selbst auf. Sie finden ihren Platz, bilden die Mitte, um die Zahnreihe wieder in Reih und Glied zu schließen, wie in unserem Eingangsgedicht beschrieben.

Zungenspiele

Viele Kinder spielen aber mit ihrer Zunge zwischen den noch nicht ganz durchgebrochenen Frontzähnen und drücken sie dabei in alle möglichen abenteuerlichen Zahnstellungen. Die Zunge ›schmeckt‹ die neue Front, die sich da bildet. Gewöhnt sich das Kind die Zungenspiele über längere Zeit nicht ab, bleiben auch die Lücken zwischen den Zähnen.

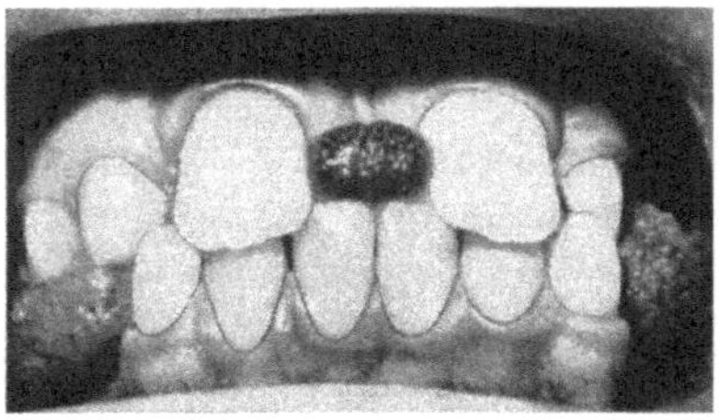

Die Zunge spielt zwischen den Frontzähnen und entwickelt dabei ein so genanntes Diastema, eine Lücke, die meist wieder von selbst verschwindet, wenn das Spielen aufhört.

Ob es sich bei einer Lücke tatsächlich um eine ›Zungenlücke‹ handelt, können die Eltern herausfinden, indem sie das Kind bitten, einmal mit der Zunge die Lücke zu suchen. Wird die Lücke rasch und zielsicher gefunden, so ist die Zunge geübt und kennt ihre Lücke. Manchmal hilft es dann, das Kind darauf aufmerksam zu machen, was es da tut. Bitten Sie es, der Zunge zu sagen, dass sie das jetzt nicht mehr zu machen braucht, weil sie ihre neuen Zähne ja nun schon kennt.

Hört das Kind nach kurzer Zeit wieder mit den Zungenspielen auf, schließt sich die Lücke meist wieder von selbst. Die frühzeitige chirurgische Durchtrennung des Lippenbändchens, das in der Mitte des Kiefers das Zahnfleisch mit der Lippe verbindet, ist in diesen Fällen nicht notwendig.[19]

Die Mitte finden

normale Bisslage

Beim harmonischen Zusammenspiel von Ober- und Unterkiefer, der ›normalen‹ Bisslage, übergreifen die oberen Zähne die unteren nach vorne und auch zur Seite hin. In der Front überlappen sie sich um etwa zwei Millimeter und es besteht nach vorn und seitlich ein bisschen ›Spiel‹ zwischen den Kiefern. Der Kopf sitzt dabei aufrecht auf der von vorne betrachtet geraden, von der Seite her gesehen leicht S-förmigen Wirbelsäule. Schultern und Becken stehen waagerecht (siehe Abbildung a auf Seite 64).

Haltung und Kieferstellung

Geht die aufrechte Haltung der Wirbelsäule verloren, nimmt der Kopf eine andere Position ein und der Unterkiefer, der über die

Muskulatur mit der Wirbelsäule verbunden ist, bekommt zwangsläufig eine andere Lage im Verhältnis zum Oberkiefer. Es entsteht eine Bissabweichung, die entscheidende Auswirkungen auf das Mundorgan und seine Funktionen hat.

der Kreuzbiss

Beim Kreuzbiss bewegt sich der Unterkiefer etwas zu einer Seite hin, die Mitte hat sich verschoben. Damit verbunden ist eine Krümmung der Wirbelsäule auf die gleiche Seite. Wird die Mitte der Kiefer wieder hergestellt, beeinflusst dies auch die Verkrümmung der Wirbelsäule und umgekehrt, da beides einander bedingt.

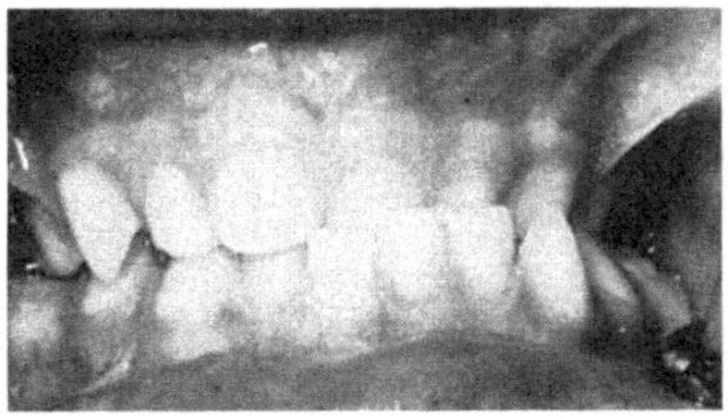

Der Kreuzbiss. Ober- und Unterkiefer begegnen sich außerhalb der Mitte.

die Unterkiefer-Rücklage

Anders verändert sich der Biss, sobald das Kind sich eine gebückte Haltung angewöhnt: Wenn der Rücken sich krümmt, das Leben ihn drückt, Arme und Beine keine Spannung mehr haben, die fröhliche, aufrechte Leichtigkeit verschwindet, der Kopf nach vorne sinkt, dann ziehen die Muskeln den Unterkiefer nach hinten, die Rücklage entsteht (siehe die Abbildungen b und c auf der folgenden Seite).

Vergleicht man den Mundraum mit dem ganzen menschlichen Körper, entspricht der Unterkiefer mit seiner Beweglichkeit unseren Armen und Beinen, mit denen wir die Taten verwirklichen, die ihren Ursprung in unserem Geist haben. Er kann also dem Willensbereich zugeordnet werden. Bei der Unterkiefer-Rücklage finden die Zähne des Oberkiefers keine ausreichende Stütze auf den unteren Zähnen. Der ›obere Mensch‹ ist stark vertreten, aber er hat gewissermaßen den Boden unter den Füßen verloren und nimmt sich zurück. Das Gesicht eines solchen Menschen erinnert mit dem zurückgeschobenen Kinn an das Kleinkindschema und drückt das Bedürfnis nach Schutz aus (siehe die Abbildungen c und d auf der folgenden Seite).

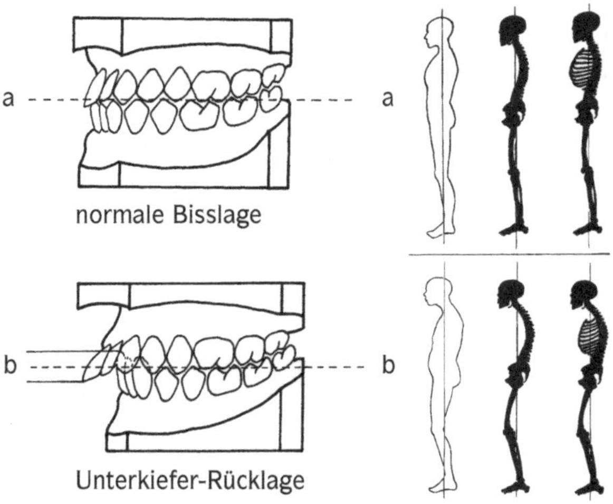

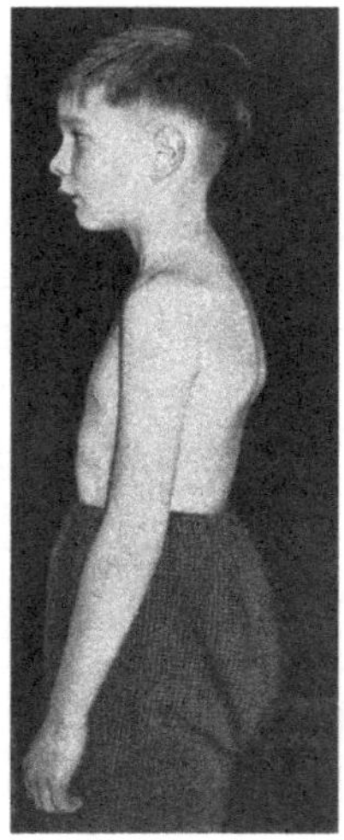

c

Die Haltung eines Kindes wirkt sich auf die Stellung der Kiefer zueinander aus, da der Unterkiefer über die Muskulatur mit der Wirbelsäule verbunden ist. Der abgebildete Junge nimmt eine Haltung wie in Skizze b ein, wodurch der Unterkiefer nach hinten gezogen wird. Selbst sein Gesichtsausdruck ist dementsprechend ausgeprägt.

d 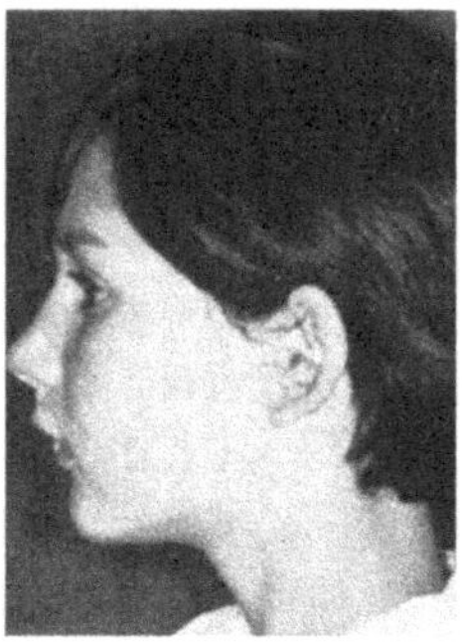

e 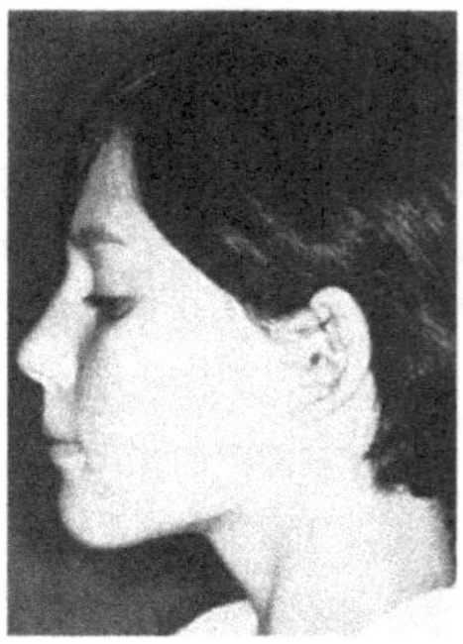

Die Unterkiefer-Rücklage. Auffällig ist der kindliche, schutzbedürftige Gesichtsausdruck.

Dasselbe Kind am selben Tag, ohne kieferorthopädische Therapie. Eindrucksvoll ist die Veränderung des Gesichtsausdrucks nur durch die Vorverlegung des Unterkiefers.

Bei der so genannten Progenie weicht der Biss auf ganz andere Weise von der beschriebenen ›Normalform‹ ab. Hier prescht der Unterkiefer im Wachstum vor. Im Verhältnis dazu erscheint der Oberkiefer wie zurückgenommen. Dem Betrachter bietet sich das Bild eines Menschen, der starke Willenskräfte hat. Diese sind jedoch mit einer gewissen Verbissenheit verbunden und werden nicht mit Leichtigkeit und Souveränität vom oberen Menschen gelenkt, wie das eigentlich der Fall sein sollte.

die Progenie

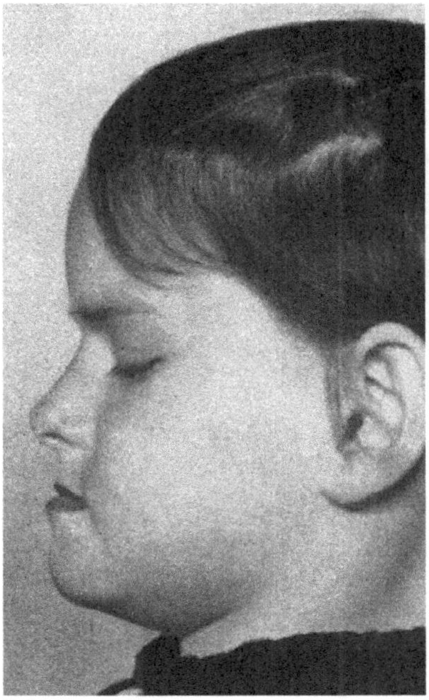

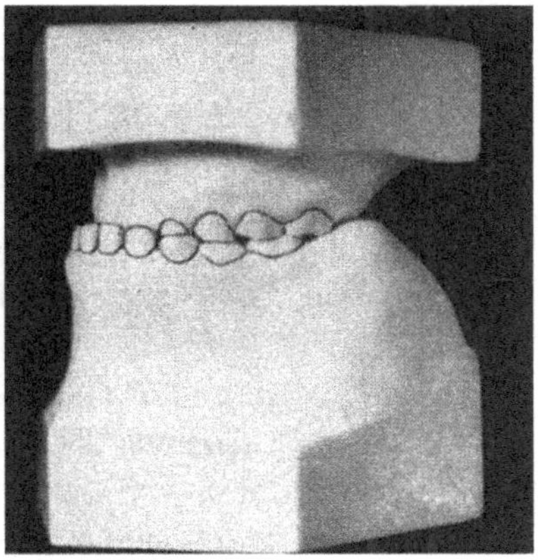

Progenie bei einem dreijährigen Mädchen (rechts der entsprechende Kieferabdruck). Der vorgeschobene Unterkiefer gibt dem Gesicht einen willensstarken, aber auch etwas verbissenen Ausdruck.

Hermann Lauffer hat einmal in einem Vortrag in seiner humorvollen Art darauf hingewiesen, dass er einige Fußballspieler kenne, die eine Progenie haben, aber bisher nur einen, der eine Unterkiefer-Rücklage hat. Unsere Lebensweise, Gewohnheiten und Charaktereigenschaften prägen uns also bis hinein in die physischen Gegebenheiten.

Aufgaben in der Zahnwechselzeit

Aus all dem Gesagten ergeben sich nun drei wichtige Aufgaben, die das Kind in der Zahnwechselzeit auf seinem Weg ins Leben zu bewältigen hat:

- *die Aufrechte finden,*
- *die Mitte finden,*
- *einen Abschluss bilden.*

Und da alles, was es tut und erlebt, sich seinem Körper formend einprägt, wirken das symmetrische Formenzeichnen, Heileurythmie, Flötespielen (am besten eine in der Mitte gehaltene Flöte) und alles, was das Gleichgewichtsgefühl des Kindes stärkt, wie ab Seite 75 ff. beschrieben, hilfreich und heilend, wenn es darum geht, diese Aufgaben zu leisten.

All diese Tätigkeiten sind ganz besonders zu empfehlen, wenn die symmetrische, mittige, aufrechte Ordnung im Mund sich nicht einstellt oder im Zahnwechselgeschehen verloren geht, was ja auch noch beim Erwachsenen vorkommen kann.

Legasthenie

Die Legasthenie beruht im Wesentlichen auf denselben Ursachen. Auch sie kann sich in einer unregelmäßigen Zahnstellung ausdrücken. Das legasthenische Kind hat seine Mitte noch nicht gefunden.[20]

Eine schöne Übung, die dabei hilft, die Mitte zu formen, ist folgende: Ein Erwachsener und das Kind stehen sich gegenüber, die Hände aneinander gelegt. Der Erwachsene ›malt‹ mit seinen Händen eine symmetrische Form in die Luft. Das Kind folgt ihm dabei. Er leiht ihm gewissermaßen etwas von seiner Symmetriefähigkeit, bis das Kind diese Fähigkeit selbst erwirbt.

Luisa – ein Fall aus der Praxis

Luisa ist 6 ¼ Jahre alt, ein für ihr Alter kleines, etwas verschlossenes Mädchen, das uns aus ernsten Augen misstrauisch ansieht und zu dem wir in langen Sitzungen nur mit Mühe Zugang finden. Sie braucht viel Zuspruch, um schließlich den Mut zu finden, sich zu öffnen und behandeln zu lassen.

Einige Milchbackenzähne sind kariös, und als der erste neue Backenzahn durchbricht, der 6er, zeigt sich, dass der *Schmelz im oberen Kronenbereich*, der um den Zeitpunkt der Geburt bis zum Alter von etwa eineinhalb Jahren mineralisiert, *nicht richtig ausgebildet ist.* Ich kann ihn mit einem Handinstrument einfach abschälen, und schon bald ist eine Füllung nötig. Der zweite Backenzahn im Oberkiefer findet seine Richtung nicht beim Durchbruch und verhakt sich hinter dem Milchbackenzahn, den er dabei teilweise auflöst. Die neuen Zähne werden keinen ausreichenden Platz haben. Beim Durchbruch der Schneidezähne zeigt sich dann tatsächlich, dass *der Kiefer zu eng* ist.

Fehlbildungen des Zahnschmelzes

zu enger Kiefer

Wir suchen nach Gründen für die Erscheinungen in Luisas Mund. Die Mutter erzählt von ihrer problematischen Partnerbeziehung in Luisas erster Lebenszeit, die immer noch Einfluss auf Mutter und Tochter hat, sie *in ihrem Leben einengt*, wobei Luisa zwischen den beiden Partnern steht, die sie liebt.

Luisa leidet seit zwei Jahren unter einer Pilzerkrankung des Darmes, die von Nahrungsmittelunverträglichkeiten begleitet ist. Es handelt sich dabei um eine *Stoffwechselschwäche*, die sich auch auf das Mundmilieu auswirkt und die Kariesanfälligkeit erhöht.

Neben der üblichen Behandlung mit Zahnfüllungen nehmen wir Luisa in ein ausführliches Prophylaxeprogramm auf, um die Zähne ›äußerlich‹ vor Karies zu wappnen, und fördern die weitere Zahn- und Kieferbildung durch die Gabe bestimmter Präparate, die individuell auf Luisa abgestimmt sind.

Das Malen mit Wasserfarben, das aus der Enge heraus in die Weite führt, tut ihr gut.

ganzheitliche Therapie

Durch ein Zusammenwirken von ärztlicher und zahnärztlicher Behandlung, Heileurythmie, elterlicher Fürsorge und pädagogischer Begleitung im Kindergarten und später in der Schule hoffen wir, Luisa Hilfestellungen zu geben, damit sie ihre Schwächen überwinden kann. Dabei sollte immer darauf geachtet werden, dass das Kind nicht überfordert wird durch ein ›Zuviel‹ an Therapie.

Nicht unsere Wunschvorstellungen für Luisa sind ausschlaggebend, sondern wir müssen einfühlsam immer wieder nachzuempfinden versuchen, was gerade für sie wichtig ist und was sie selber zum jeweiligen Zeitpunkt ergreifen kann.

Beispielsweise kann der Kieferorthopäde mit seinen Mitteln die zu eng stehenden Frontzähne in einen schönen Zahnbogen rücken. Wenn aber nach Beendigung der Therapie die Lippen die Zähne wieder nach innen drücken, weil ihr noch die Kräfte fehlen, das Leben gelassener zu nehmen, ist die Therapie an Luisas Bedürfnissen ›vorbeigegangen‹ und hat den Kern des Problems nicht berührt.

Ideal ist es, wenn die Therapie, auch die kieferorthopädische Therapie, die Schwierigkeiten des Kindes aufgreift und ihm entsprechende Stimulationen gibt, indem sie beispielsweise dazu beiträgt, dass sich der Lippendruck löst. Dann stellt nicht der Kieferorthopäde die Zähne des Kindes an ihren Platz, sondern das Kind wird dazu angeregt, es durch Veränderungen seiner eigenen Körperaktivität selbst zu tun. (Dass der Kieferorthopäde dem Kind dabei manchmal auch mit Federchen und Drähten helfen und Zeiten der Schwäche überbrücken kann, steht außer Frage.)

Stimulierung der eigenen Körperaktivität

Die kieferorthopädischen Veränderungen werden dann eigentlich vom Kind selbst hervorgerufen, der Kieferorthopäde gibt ihm dabei nur eine ›Entwicklungshilfe‹ – das Kind ist sein eigener Arzt. Die Therapie entspricht dann den Fähigkeiten des Kindes, die es dadurch neu ergreifen kann.

»Nicht, was man erreichen will, ist wichtig, sondern *wie* man es erreicht«, betont Ingvo Broich.[21] Das, was uns das Kind nun mit seinem neuen Zahnbild zeigt, sein neues Aushängeschild, sagt uns: »Das bin ich *jetzt*.«

Heute ist Luisa acht Jahre alt. Ihre neuen Zähne lachen uns ein wenig zu groß aus ihrem Mund entgegen. Sie ist offener geworden, lacht viel und bewegt sich in der Praxis souveräner und ohne die schützende Nähe ihrer Mutter, und so ist es auch im Alltag. Es gibt keine neuen Kariesstellen, nur für die Ausformung der zu engen Kiefer brauchen wir noch kieferorthopädische Hilfe.

Was wirkt auf das Kind?

die Entwicklung des Gedächtnisses

Der frei gewordene Bildekräfteleib ist der Träger des Gedächtnisses. Nun hat sich das Gedächtnis bereits in den ersten sieben Lebensjahren üben können, aber eben nicht in der Weise, dass man dem Kind aufgetragen hat, sich diese und jene Inhalte zu merken, sondern durch die Vorarbeit der Natur, auch des Lebens allgemein. Das Kind ist gerade in den ersten Lebensjahren ganz Sinneswesen und nimmt seine Umgebung in dieser Weise auf. Für alles Sollen hat es vor dem fünften Lebensjahr noch keinen Sinn.

zu frühe Beanspruchung der Gedächtniskräfte

Nimmt man nun die Bildekräfte des Kindes vor dem Zahnwechsel zu stark in Anspruch, beispielsweise durch eine starre Vorschulerziehung oder eine zu frühe Einschulung, also für eine bestimmte Form des Sollens, dann entzieht man dem Kind Lebenskräfte, die es noch auf leiblicher Grundlage gebraucht hätte. Das kann Auswirkungen haben, die sich dann zu einem späteren Zeitpunkt zeigen. Wenn man die Gedächtniskräfte zu früh in Anspruch nimmt, ist das, als würde man das Auge eines Ungeborenen mit Sonnenlicht konfrontieren. Das Auge des Kindes ist zwar schon im Mutterleib fertig ausgebildet, trotzdem würde es durch die verfrühte Beanspruchung Schaden nehmen. Deshalb ist für das Kind normalerweise wie bereits beschrieben eine schützende feinstoffliche Mutterhülle vorgesehen, so dass die ›Natur‹ am Gedächtnis des Kindes arbeiten kann.

Bilder in Märchen und Erzählungen

Das Kind vor dem Schuleintritt nimmt Erzählungen und Märchen, die Freude, Frische und Heiterkeit ausdrücken, wie ein Schwamm auf. Es lebt stark in einer Bildhaftigkeit, die mit der Schulreife noch nicht zu Ende geht. Vielmehr steht das Kind nun auf dem Höhepunkt des Phantasielebens. Gerade durch Bilder und nicht durch abstrakte Begriffe wirkt man auf den geborenen und nun wachsenden Bildekräfteleib.

Schon das Wort ›Bildekräfteleib‹ bringt zum Ausdruck: Dem Kind stehen nun Kräfte zur Verfügung, um Neues im Seelischen zu bilden. Das Kind entwickelt eine Sehnsucht, etwas zu lernen von der Welt. Es kommt nun immer mehr eine ungeheure Neugierde zum Vorschein, die sich durch Fragen äußert wie: »Warum sind die Sterne am Himmel? Wieso hat Michael zwei Väter? Gehört das Nummernschild zu dem Auto oder zu dem Menschen?«

Lernfreude und Neugier auf die Welt

Es ist also sehr deutlich zu beobachten, wie mit dem Erscheinen der zweiten Zähnen auch die Neugierde und die Aufmerksamkeit in dem Kind geweckt werden. Mit dem Erwachen der Vorstellungskräfte erblühen sozusagen auch die Phantasiekräfte im kindlichen Denken, und das bedeutet, dass das Kind nun nach seelischer Nahrung in Form von Bildern ruft. War es nach der physischen Geburt die Milch der Mutter, die das Kind genährt hat, so benötigt es nun mit der Geburt der Bildekräfte die *seelische* Milch der Erziehenden.

Erwachen der Vorstellungskräfte

In der Zeit des Zahnwechsels erwachen im Kind Aufmerksamkeit und die Neugierde auf die Welt, die es umgibt.

Wie kann Erziehung in Familie und Schule nun aussehen?

Ein Blick in das Schulleben

Kinder wollen nicht durch abstrakte Begriffe und moralisierendes Urteilen in ihrem Verstandesleben angesprochen werden, denn dieses ruht noch. Sie wollen in ihrem Phantasieleben berührt werden.

die Phantasie ansprechen

Betrachten wir dazu ein Beispiel aus der Schule, in der unsere Kinder schreiben und lesen lernen sollen. Zu Beginn hat das Kind noch gar keine Beziehung zu dem abstrakten Buchstaben A oder M oder L. Sie sind ihm ganz fremd. Dennoch tritt man an das Kind heran, wenn es in die Schule kommt, und will ihm diese Dinge vermitteln. Geschieht dies auf abstrakte Weise, ist die Folge davon, dass es sich schnell überfordert fühlt und keinen inneren Bezug zum Gelernten herstellen kann. Nimmt man aber die Kraft der Sinn bildenden Phantasie zu Hilfe, indem man die Seele der Kinder mit Bildern speist, dann setzt man Meilensteine für das gesamte spätere Lernen. Wir können mit den Kindern sozusagen ein Stück Kulturentwicklung durchschreiten, denn die ersten Menschen, von denen wir Aufzeichnungen kennen, sind ganz sicher nicht von einem abstrakten Buchstaben ausgegangen, sondern sie hatten bezeichnenderweise Bilderschriften. Das heißt, sie haben etwas gemalt, was an einen Gegenstand erinnerte, wenn sie einen Gedanken festhalten wollten. Wenn wir uns in den Entwicklungsstand der früheren Menschheit hineinzuversetzen versuchen, entdecken wir Parallelen zu der Entwicklungsstufe eines siebenjährigen Kindes. Verbinden wir uns einmal selber in einer stillen Stunde mit der Bilderschrift, dann entdecken wir, warum sich das Kind darin zu Hause fühlen kann.

bildhaftes Erlernen des Alphabets

Lassen wir Beispiele eines Lehrers sprechen: Willi Aeppli[22] erzählt den Kindern seiner ersten Klasse das Grimm'sche Märchen *Die zwei Brüder*. Einem von diesen Brüdern gelingt es mit Hilfe seiner fünf Tiere, Häslein, Fuchs, Wolf, Bär und Löwe, den Drachen auf dem Drachenberg zu töten und die Königstochter zu retten. Er wird aber von einem hinterlistigen Hofmarschall betrogen und zieht traurig von dannen. Nach einem Jahr kehrt er in die Stadt des Königs zurück und schickt nun ein Tier nach dem anderen ins Königsschloss, um sich von der Königstochter, die damit auf die Probe gestellt werden soll, etwas Gutes zu holen. Das unschuldige Häslein muss den Anfang machen und sich ein paar Brezeln erbitten von des Königs Tisch. Es denkt: Was soll ich nur tun? Die Hunde auf der Gasse werden mir mein schönes Fell flicken wollen! Und richtig erraten, die Hunde sind bald hinter ihm her. Das arme Ding läuft nun aber im Zickzack, so dass die Hunde sich ein um das andere Mal überschlagen.

Die Kinder haben nun ein paar Situationen dieser Geschichte malen dürfen. Vor allem den Kampf mit dem Drachen, dann aber auch das Häslein, das sich die Brezeln holen muss und im Zickzack läuft. Der Drache, der sich ringelt und Feuer spuckt, wurde, wenn man ihn seines bösen Lebens beraubte, zum Buchstaben D. Auch der Hase musste sein Leben lassen, nur die Ohren und die Vorderbeine blieben gleichsam als Hasenfragmente und wurden zum H. Die Brezel, ein bisschen gerade gedrückt, war auf einmal ein B. Und der Weg, den das Häslein gelaufen war, das waren ja lauter Z.

Ein anderes Beispiel: Die Kinder durften das wild bewegte Meer mit seinen turmhohen Wellen und einem großen Vogel, der den Sturm ankündigte, malen. Die Wellen wurden zum W und der Vogel zum V. Wenn sich der Sturm gelegt hat, fährt ein Schiff über das Meer. Lustig bläst der Wind in das Segel, und die Fische wagen sich wieder an die Oberfläche und staunen zum Schiff hinauf. Segel und Fische schenkten den Kindern zwei neue Buchstaben: S und F.

An diesen Beispielen wird erkennbar, dass das Prinzip immer dasselbe ist: Man geht von einem Leben in sich tragenden Bild aus, um dieses dann auszulöschen. Es verblasst immer mehr, bis nur noch ein knochenhaftes Fragment übrig bleibt: der Buchstabe.

bildhafter Rechenunterricht

Diese Art des bildhaften Lernens lässt sich nicht nur im Zusammenhang des Schreibens, sondern auch für den Rechenunterricht anwenden. So hat Hermann Koepke[23] seinen Schülern von Gustine erzählt. Sie ist ein gemütliches, rundliches Mädchen, das ein grünes Kleid anhat und einen braunen Sack unter dem Arm hält, aus dem sie dann und wann etwas Gutes holt. In dem Sack sind Zwetschgen, Äpfel, Nüsse und vieles mehr. Auf dem Sack sieht man ein Kreuz: +. Sie hat nämlich den Sack, der an einer Stelle fast zerrissen wäre, mit einem Faden und diesen zwei Stichen geflickt. Sie steckt alles in ihren Sack, so wird er immer voller und voller und ihr geht es immer besser.

Nun gibt es auch noch Ernst, der wegen seiner großen Sorgen beängstigend dünn ist. Er trägt dunkelblaue Kleider und hat auch einen Sack, der neben ihm liegt. Er kann aber nichts aus dem Sack herausholen, weil nichts drin ist. Das hat ihm den Appetit verschlagen, und nun grübelt und grübelt er, wie das kommt. Dabei müsste er nur die Augen aufmachen, dann würde er sehen, dass der Sack einen Riss hat, durch den ständig alles herausfällt. So verliert er immer alles und wird immer dünner und noch dünner. Zum Schluss ist er dann nur noch ein Strich, der liegen muss, weil er nicht mehr stehen kann: –. Der Arme!

Nun lässt Hermann Koepke seine Schüler rechnen: Auf dem Tisch liegen Gustines Sack, auf den sie mit zwei Stichen ein + genäht hat, und ein Häuflein Haselnüsse. Die Kinder haben schnell heraus, dass es sieben Nüsse sind. Weil Gustine alles in Ruhe macht, werden zuerst nur zwei Nüsse in den Sack geschoben, dann drei, dann kommt eine Pause. Wie viele Nüsse hat sie jetzt schon? Es wird mit den Fingern nachgerechnet: fünf Nüsse. Dann wandern noch die restlichen zwei in den Sack und er wird zugeschnürt.

Jetzt kommt der Sack von Ernst an die Reihe. Er wird mit acht schönen ›Edelsteinen‹ gefüllt, aber die purzeln nur so heraus. Zum Schluss sind nur noch zwei Steine in dem Sack. Wie viele Steine hat Ernst verloren? Tatsächlich können die Schüler auf dem Boden sechs Steine finden. Genauso viele hatten sie auch ausgerechnet.

Die Beispiele mögen als kleiner Einblick genügen. In Koepkes Buch *Das siebte Lebensjahr* findet man dann noch weitere schöne Geschichten von Ernst und Gustine sowie später von Multiplikata, der großen Zauberin, und von dem roten Karl, dem Teiler.

das Freiwerden der Form bildenden Kräfte

Sowohl für das Schreiben- und Lesenlernen als auch für das Rechnenlernen benötigt das Kind Formkräfte. Wie bereits erwähnt, die Form bildenden Kräfte hat das Kind erst unbewusst in seinem Innern erlebt, jetzt, mit der Schulreife, will es mit den frei gewordenen Kräften in der äußeren Welt tätig werden, durch Zeichnen, Malen, Kneten und anderes Gestalten. Hier bietet der Formenzeichnenunterricht dem Kind die Möglichkeit, übend, aber auch erlebend mit seinen neuen Gestaltungskräften umzugehen.

das Wahrnehmen der Senkrechten

Hierzu eine kleine Einführung: Mit sieben Jahren tritt für das Kind in seinem Wahrnehmen alles Senkrechte stark hervor. In das äußere

Anschauen dringt von innen das Erleben der eigenen senkrechten Haltung hinein, die sich das Kind erwerben musste. Die aufrechte Haltung wurde seinem Organismus durch die gestaltenden Kräfte insbesondere in der Umformung der Wirbelsäule durch viele Jahre hindurch eingeprägt. Hierzu gehört die Umgestaltung des Brustkorbes, wodurch die Arme des Kindes immer weiter zur Seite gerückt sind, bis sie in ausgestreckter Haltung mit der Wirbelsäule ein Kreuz bilden.

Vertikale und Horizontale

Mit dem Gestaltwandel im siebten Lebensjahr werden dem Kind also die organisierenden Kräfte des Vertikalen und Horizontalen bewusst. Es lernt rechts und links unterscheiden, das heißt, es erlebt innerlich nicht nur die Senkrechte seines Rückens, sondern davon ausgehend auch deren Beziehung zum rechten und linken Arm, zur rechten und linken Körperhälfte. Nun wird es fähig, im Anschauen von Formen deren Symmetrie oder Asymmetrie zu erfassen (siehe dazu auch das Kapitel über Kinderzeichnungen, Seite 51 ff.).

Formenzeichnen

Regt man nun ein Kind dazu an, senkrechte und waagerechte Linien oder Figuren aus der Kombination vertikaler und horizontaler Linien zu malen, so lässt man die Kräfte der eigenen inneren Organisation zeichnen und in den Linien zum äußeren Bild gerinnen.

Zeichnen die Kinder dagegen runde Formen, so wendet man sich mit ihnen an die Kräfte, die vor dem Zahnwechsel plastisch gestaltend in seinen Organen gearbeitet haben. Das Kind kann sich mit ihnen verbinden und aus ihnen heraus die äußeren Formen zeichnen.

Lässt man nun die Kinder beim Formenzeichnen eine Figur spiegelbildlich ergänzen, hat man eine Symmetrieübung, die die Fähigkeit fördert, Unfertiges zu vervollständigen. Gerade diese Art des Übens kommt der Krise ›Wackeln die Zähne – wackelt die Seele‹ sehr entgegen, weil man dem Kind eine mitgestaltende Möglichkeit bietet, seine ›Hülle‹ zu plastizieren. Auch hier kommt man dem Bilderhunger der Kinder entgegen, wenn man die Aufgabe in phantasievolle Geschichten einwebt.

Lauschen wir nun dem Märchen *Meljuk und der Zauberer*, das Anregungen zum Formenzeichnen enthält:[24]

An einem schönen Sonnentag sitzt Meljuk vor seiner Baumhöhle. Da kommt gerade sein Freund, der große Rabe, angeflogen und setzt sich sofort neben Meljuk.

Heute ist er ganz aufgeregt. Er hat einen Zauberer im Wald getroffen. Eifrig erzählt er von den großartigen Künsten des Zauberers. Meljuk hört gespannt zu. Und immer, wenn der Rabe eine Pause macht, fordert er ihn auf, weiterzuerzählen.

Zu gern möchte Meljuk auch zaubern können. Endlich fragt er den Raben ganz erwartungsvoll: »Kannst du mir nicht zeigen, wie es der Zauberer gemacht hat? Du hast doch die ganze Zeit zugeschaut.«

Der Rabe hat zwar alle möglichen Dinge gesehen, aber wie der Zauberer das gemacht hat, das weiß der Rabe auch nicht.

»Der Zauberer ist mit seinem Stab durch die Luft gefahren, und dann entstanden Wolken und Bäume, und sogar einen Drachen hat er an den Himmel gezaubert.«

Wie das der kleine Zwerg hört, geht er ganz schnell in seine kleine Wurzelhöhle, um seinen Zauberstab zu holen. Der kluge Rabe weiß natürlich sofort, was der Zwerg im Sinn hat, und erklärt Meljuk: »Es ist nicht so einfach zu zaubern, und sicher sind auch nicht alle Zauberstäbe gleich.«

Traurig setzt sich Meljuk auf einen Stein.

»Warum gehst du nicht zu dem Zauberer und bittest ihn, dir das Zaubern beizubringen«, sagt der Rabe aufmunternd.

Schon vor Sonnenaufgang steht Meljuk am nächsten Morgen auf und erwartet ungeduldig den Raben. Schon bald kommt dieser angeflogen, und die beiden Freunde brechen auf. Bis zum Mittag müssen sie wandern. Plötzlich lichtet sich der Wald.

In der Waldlichtung steht das Häuschen des Zauberers, der gerade einige Wolken an den Himmel zaubert. Der Rabe und Meljuk stellen sich in die Nähe des Zauberers. Der ist so beschäftigt, dass er die beiden zuerst gar nicht bemerkt. Meljuk wagt auch nicht, den Zauberer anzusprechen. Der Rabe aber räuspert sich mehrmals kräftig, bis sich der Zauberer umdreht. Er unterbricht seine Tätigkeit und fragt freundlich: »Was möchtet ihr denn, ihr beiden?«

Vor lauter Aufregung kann Meljuk kein Wort sagen. Also bringt der

Rabe Meljuks Anliegen vor. »Das ist mein Freund, der Zwerg Meljuk. Er möchte gerne zaubern lernen.«

Da lacht der Zauberer. »Hast du dir das gut überlegt, Zaubern ist sehr anstrengend, da musst du lange üben, bis du das kannst.«

Der Zwerg nickt ganz schüchtern und sagt: »Ich will bestimmt ordentlich üben.«

»Na gut, dann will ich es mit dir versuchen«, meint der Zauberer und nimmt seinen Zauberstab, hält ihn hoch und spricht: »Eins, zwei und drei, Meljuks Zauberstab eile herbei.« Und schon hat er zwei Stäbe in der Hand.

»So«, sagt er zu Meljuk. »Wir zaubern zuerst einmal zusammen. Ich zaubere die eine Hälfte, und du zauberst die andere Hälfte. Was wollen wir denn zaubern?«

Bevor Meljuk noch etwas sagen kann, krächzt der Rabe: »Einen Apfel.«

Da malt der Zauberer mit seinem Zauberstab einen halben Apfel, und schon liegt ein halber Apfel auf der Wiese. Nun versucht der Zwerg, die andere Hälfte mit seinem Zauberstab dazuzumalen. Das geht ganz gut. Aber, o weh, aus den beiden Hälften wird kein ganzer Apfel, denn sie passen nicht zusammen. Der Zwerg hat einfach die andere Hälfte gemalt, aber er hat nicht darauf geachtet, dass er ja dort weitermalen muss, wo der Zauberer aufgehört hat.

»Macht nichts«, sagt der Rabe, »es ist mir egal, ob ich einen ganzen oder zwei halbe Äpfel esse.« Und schon pickt er die Äpfel an.

Der Zauberer sagt freundlich: »Für das erste Mal war das schon sehr gut«, und während er das noch sagt, malt er die ganze Wiese voll mit halben Äpfeln. So kann Meljuk tüchtig üben. Er nimmt seinen Zauberstab und malt sorgfältig die anderen Apfelhälften dazu. Am Abend ist die ganze Wiese voller Äpfel. Einige sind merkwürdig schief, aber andere sind sehr schön gleichmäßig geformt.

Meljuk wird vom Zauberer gelobt: »Du wirst ein guter Zauberlehrling, wenn du weiter so fleißig übst.«

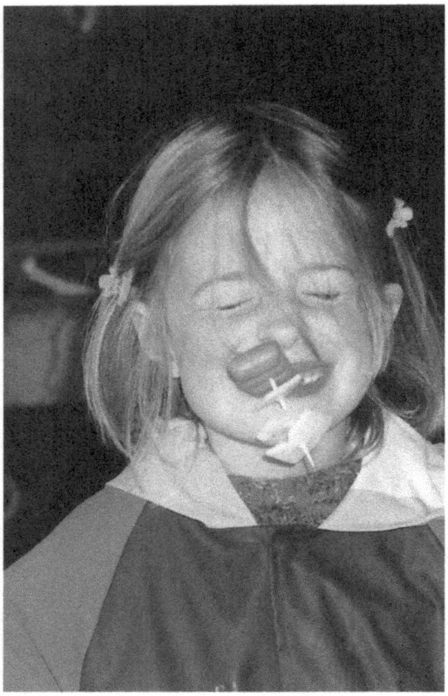

Ein Blick in das Familienleben

Eigentlich alles, was in der Schule mit dem Kind getan werden soll, gilt letztendlich auch für zu Hause. Man kann als Eltern den Verwandlungsprozess im Zahnwechselalter wesentlich besser begleiten und verstehen, wenn man um die Phänomene und Hintergründe der kindlichen Entwicklung weiß und damit seinem Kind Verständnis und Sicherheit entgegenbringen kann.

Was benötigt Ihr Kind, wenn ihm die Seele wackelt, der Sturm durchs Haus tobt, altes Material herausfällt und neues sich Bahn verschaffen will?

Sie können sich, um zu einer individuellen Antwort zu kommen, die Fragen stellen:

- Was kann ich meinem Kind auf *leiblicher* Ebene geben?
- Wie kann ich es *seelisch* unterstützen und begleiten?
- Was kann ich auf *geistiger* Ebene für mein Kind tun?

Praktische Anregungen

Hilfe auf leiblicher Ebene

Gefühlsschwankungen

Wenn Ihr Kind unruhig ist, zwischen Stimmungen von himmelhoch jauchzend bis zu Tode betrübt schwankt, in sich zusammenfällt, die Hände überall tätig sind, wenn es eben all die beschriebenen Symptome zeigt, ist es dankbar, wenn ihm von außen Halt entgegengebracht wird, den es jetzt durch den Verlust der Mitte nicht selber aufbringen kann.

Im ersten Jahrsiebt ist es ja besonders wichtig, die leibgebundenen Sinne wie Tastsinn, Bewegungssinn, Gleichgewichts- und Lebenssinn zu pflegen. In der krisenhaften Zeit des Zahnwechsels kann ich das Kind festigen, indem ich ihm ein gutes Körpergefühl, auch Körperimago genannt, verschaffe, das heißt, ich helfe ihm über die Sinne, sich zu spüren. So können Sie auf ihrem Kind einen Igel (Massagehandschuh) spazieren gehen lassen, es einölen, ihm Zahlen auf den Rücken schreiben, die es erraten soll usw. Auch viel Bewegung draußen in der Natur, beispielsweise bei einem ausgedehnten Spaziergang, schenkt dem Kind über ein ausgeprägtes Tasterleben hinaus auch ein gestärktes Selbstvertrauen, denn jede Berührung, auch die durch ein Kleidungsstück oder wenn beim Wandern die Füße den Boden berühren, lassen beim Kind ein Gefühl von Selbst und Welt, von Eigen und Fremd entstehen.

Pflege der leibgebundenen Sinne

Wenn Ihr Kind den Halt am Tisch verliert, im Stuhl versinkt und Sie keinen so genannten Trip-Trap-Stuhl haben, dann schaffen Sie ihm Stützen. Ich erwähnte schon das Schaffell auf der Sitzfläche. Eine vorübergehende Fußstütze lässt die Beine nicht baumeln, sondern schenkt dem Kind Halt von außen nach innen. Bei ganz starken Bewegungskindern kann das Sitzen auf einem Kirschkernkissen oder ähnlichem Material helfen, dass es sich selbst spürt.

Haltungsprobleme

Die schlechte Haltung der Kinder und die Unruhe finden sich übrigens manchmal wieder im schiefen, in einigen Fällen sogar chaotischen Durchbruchsverhalten der bleibenden Zähne. Aber auch die Zähne suchen sich oftmals in kürzester Zeit ihre Aufrichte von selbst.

Der Tastsinn geht ja bis in die Haare hinein, deshalb kann selbst eine neue Frisur eine Besserung bewirken. Das Kämmen und Bürsten erleben viele Kinder zwar als unangenehm, aber das Ergebnis ist meist positiv. Deutlich sichtbar war dies bei meiner Tochter: Wenn sie die Haare offen trug, flatterte mit der Zeit auch ihr Wesen mehr. Ein Zopf oder auch zwei Zöpfe geben demgegenüber Form und Halt, und das nicht nur in den Haaren. Manchmal genügt schon ein Haarreif oder Spangen, um Veränderungen hervorzurufen.

neue Frisur

Geben Sie Ihren Kindern, gerade wenn Sie in der Stadt wohnen, viel Gelegenheit, sich zu bewegen. Auf Bäume klettern, auf Baumstämmen balancieren, schwimmen gehen – all das regt den Gleichgewichts- und Bewegungssinn der Kinder an. Seilspringen, Stelzenlaufen, Ballspiele mit anderen Kindern, aber auch alleine als ›Ballprobe‹ an der Wand sind alte Bewegungsspiele, die vielerorts schon in Vergessenheit geraten sind. Hier sei auch auf die alten Felderhüpfspiele hingewiesen:

Bewegungsspiele

Die Woche

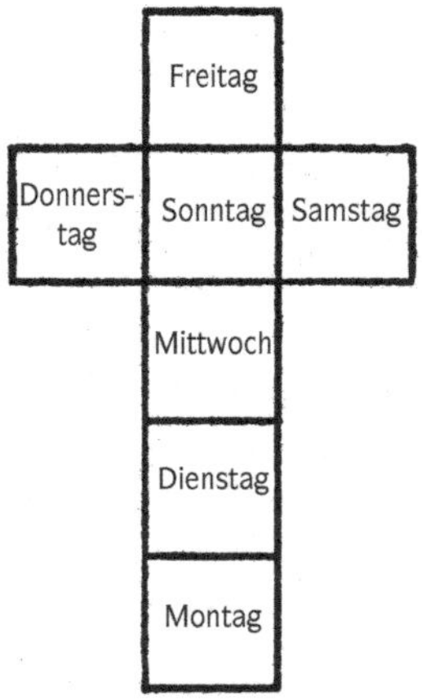

Beim Hüpfen über die Felder muss das Feld, in dem der Stein liegt, übersprungen werden; auf dem Rückweg muss der Stein wieder aufgehoben werden. Man darf dabei aber immer nur auf einem Bein stehen!

Das Sonntagsfeld entspricht dem ›Himmel‹ bei anderen Spielen: Hier darf man sich ausruhen, also auf beiden Beinen stehen.

Der Stein wird in der Reihenfolge der Wochentage eingeworfen, und so wird auch gehüpft. Wer falsch geworfen hat, auf einen Strich tritt, beim Hüpfen den Fuß senkt oder etwas vergisst, scheidet aus.

Verschiedene Touren: 1. Linkes Bein. 2. Rechtes Bein. 3. Beine gekreuzt. 4. Blind (nachdem der Stein geworfen wurde). 5. Stein wird eingeworfen, indem man dem Feld den Rücken zuwendet.

Wer das ganze Spiel durchgespielt hat, darf sich ein ›Haus‹ suchen, das heißt, er bezeichnet ein beliebiges Feld mit seinem Namen, dort darf er ausruhen. ›Fremde Häuser‹ müssen übersprungen werden, auch der Stein darf nicht hineingeworfen werden.

Die Kette

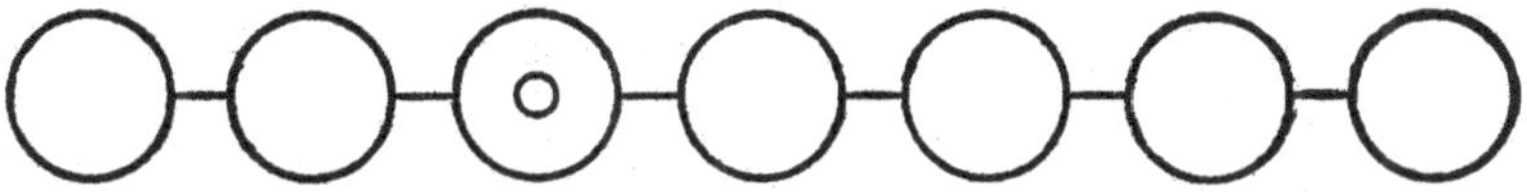

Der Stein wird der Reihe nach in die Kreise geworfen, man hüpft ihm nach, nimmt ihn (auf einem Fuß stehend) auf und hüpft vom siebten Kreis aus wieder zurück.

Die rückwärtige Reihe kann aber auch durch eine zweite ›Kette‹ bezeichnet sein (siehe unten).

Touren: Rechtes Bein; linkes Bein; Beine gekreuzt und abwechselnd gespreizt (bei den Zwischenstrichen).

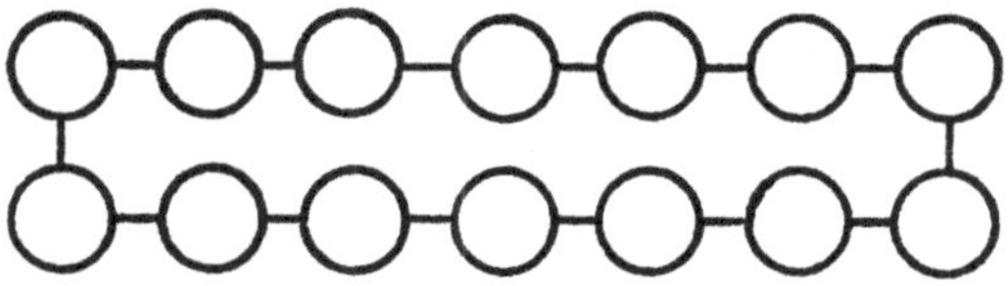

Das Fensterchen

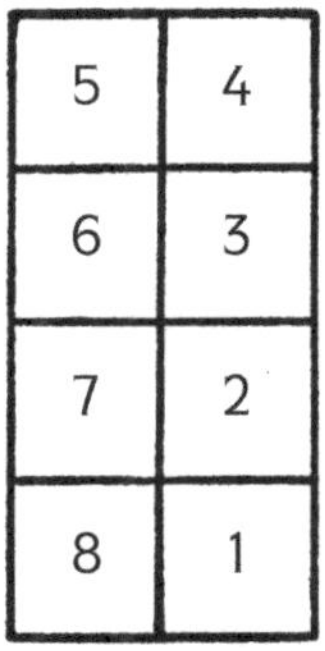

Der Stein wird nach der Reihenfolge der Zahlen in die Felder geworfen, man hüpft ihm nach, hebt ihn auf und hüpft zurück.

Touren: gehen; hüpfen links; hüpfen rechts, hüpfen mit beiden Füßen zugleich; ›blind‹ gehen.

Auch Gummitwist ist eines der beliebten Spiele, die wieder in Mode gekommen sind. Zur Not kann man das Gummiband auch zwischen zwei Stühlen spannen. Solche Spiele verhelfen ihren Kindern dazu, die Mitte zu ergreifen, was ja auch im Hinblick auf die körperlichen Phänomene des Zahnwechsels von zentraler Bedeutung ist. Denn diese einfachen Dinge greifen tief harmonisierend ein in die Ausbildung der Körperlichkeit, auch über eine Umorganisation im Nervensystem, was heute durch zahlreiche naturwissenschaftliche Untersuchungen belegt ist. Und so wirkt das Kind durch die Bewegungen, die diese Spiele von ihm fordern, unter anderem auch darauf ein, dass Ober- und Unterkiefer sich in korrekter Lage zueinander einstellen und verzahnen.

Beim Balancieren versucht das Kind rechts und links in eine Ordnung, ins Gleichgewicht zu bringen. Wie beim Formenzeichnen kann das Kind hierbei lernen, die Symmetrien und Asymmetrien des eigenen Körpers und der Umwelt wahrzunehmen. Solche Übungen sind die Voraussetzung dafür, dass es rechts und links unterscheiden kann.

Das folgende Gegenüberstellspiel[25] dient dazu, das Erlebnis des Symmetrischen im eigenen Körper durch Bewegung bewusst zu machen:

Zwei Kinder stehen sich singend gegenüber und klatschen folgendermaßen zum Text des Liedes:

Da –	Beide klatschen in die eigenen Hände.
fährt ein –	Die rechte Hand klatscht auf die rechte Hand des anderen Kindes (gekreuzt).
Mann zur –	Beide Kinder klatschen in die eigenen Hände.
See –	Die linke Hand klatscht auf die linke Hand des anderen Kindes.
Mi-Ma-Muschelsee –	Es wird auf beide Hände des anderen Kindes geklatscht.

2. Was tut der Mann auf (der Muschel-) See?
3. Er fängt dort einen (Muschel-) Fisch.
4. Was tut er mit dem (Muschel-) Fisch?
5. Er zieht ihm ab sein (Muschel-) Fell.
6. Was tut er mit dem (Muschel-) Fell?
7. Er macht daraus 'ne (Muschel-) Börs.
8. Was tut er mit der (Muschel-) Börs?
9. Er steckt hinein sein (Muschel-) Geld.
10. Was tut er mit dem (Muschel-) Geld?
11. Er kauft damit ein (Muschel-) Kind.
12. Was tut er mit dem (Muschel-) Kind?
13. Er schickt es in die (Muschel-) Schul.
14. Was tut das Kind in der (Muschel-) Schul?
15. Es lernt das AB (Muschel-) C.

der Lebenssinn

Eine besondere Bedeutung in dieser Zeit möchte ich dem Lebenssinn zusprechen. Er nimmt über die vegetativen Nerven, die die inneren Organe in ihrer Funktion aufeinander abstimmen, den Zustand wahr, in dem sich zum Beispiel die Verdauungsorgane und die Vitalität gerade befinden. Fühlt sich das Kind satt, hungrig, behaglich oder unbehaglich – all das übermittelt der Lebenssinn.

Ernährung und Rhythmus

Das Zahnwechselkind, das seiner Entwicklungsphase entsprechend oft für Störungen besonders anfällig ist, kann sich bis in den Lebenssinn hinein beeinträchtigt fühlen. Verhelfen Sie Ihrem Kind dann durch eine dem Alter angemessene Ernährung zu einer inneren Ausgewogenheit, die unterstützt durch einen guten Rhythmus von Essen und Nüchternsein, von Schlafen und Wachen, Arbeit und Ruhe dem Kind Behaglichkeit und Harmonie verschaffen kann. Wie die Ernährung in dieser Lebensphase sinnvollerweise aussehen kann, wird im Kapitel ›Das Zahnwechselkind und seine Ernährung‹ (Seite 99 ff.) ausführlicher erläutert.

Rhythmen des Körpers

Die Rhythmen in der Lebensführung haben direkte Auswirkungen auf unsere organischen Rhythmen. In unserem Körper werden beispielsweise Puls und Atem von einem bestimmten Rhythmus getragen, aber auch Vorgänge im Nerven- oder im Stoffwechselsystem;

Letztere relativ langsam. »Der ganze Mensch ist auf Rhythmus angelegt.«[26]

Wirkungen des Rhythmus

Die rhythmische Wiederkehr erzeugt Sicherheit, ein Gefühl von Zuverlässigkeit, Harmonie, Kontinuität auch in der körperlichen Entwicklung. Unterbrechungen führen dabei zu Stockungen, Verkrampfungen (›der Atem stockt‹, ›Angst schnürt die Kehle zu‹) oder Beschleunigungen (›das Herz klopft bis zum Hals‹). Diese können Störungen der Lebensprozesse zur Folge haben, die sich unter Umständen in Mangel- und Fehlbildungen, beispielsweise der Zähne und Kiefer, äußern können.

Auswirkungen eines gestörten Rhythmus

Kinder, die in der Zeit der Zahnbildung starken psychischen oder körperlichen Belastungen ausgesetzt waren, die ihre Bildekräfte gebunden haben, können die Schmelzschicht der Zähne möglicherweise nicht richtig ausbilden, was zu einer erhöhten Kariesneigung führen kann. Die Probleme der kleinen Luisa (Seite 66 ff.) sind ein Beispiel dafür.

Meine kleine Tochter musste im zweiten Lebensjahr ein schockartiges Krankheitserlebnis in der engeren Familie miterleben, was dazu führte, dass ihre Finger- und Zehennägel zeitweise nicht weiterwuchsen und ausfielen. Ihre Kräfte waren so in die Verarbeitung und Überwindung dieser Ereignisse eingebunden, dass sie an dieser Stelle fehlten.

So wie ein gestörter Rhythmus zu Krankheit oder Fehlbildungen führen kann, können also rhythmische Übungen und eine rhythmische Lebensführung gesundend wirken.

Hilfe auf seelisch-geistiger Ebene

Ihrem Kind tut es gut, sich wahrgenommen und verstanden zu fühlen, was ja nicht immer leicht ist. Das gilt natürlich nicht nur in dieser Lebensphase, ist aber gerade in der krisenhaften Zahnwechselzeit besonders wichtig. Die Beispiele am Anfang dieses Buches (Seite 11 ff.) haben dies deutlich gezeigt. Nutzen Sie die frei gewordenen Bildekräfte, die jetzt etwas in der Außenwelt plastizieren wollen, indem Sie mit Ihrem Kind malen und mit Ton oder Knetwachs gestalten. Insbesondere das freie Wasserfarbenmalen bietet dem Kind die Möglichkeit, sein inneres Gleichgewicht zu bilden. Denn beim Malen taucht es in eine Farbenwelt ein, die es zur Suche nach dem Gleichgewicht der Farben und Flächen anregt.

kreative Beschäftigungen

Nun beginnt auch die Zeit, in der die Kinder kleine Aufgaben im Haus übernehmen können, wie Blumen gießen, Müll wegtragen, beim Abwasch helfen oder Ähnliches. Das schafft Ordnung in der Familie, trägt aber auch zu einer inneren Ordnung bei. Dabei haben sich kleine Besprechungen in der Familie und Aufgabenpläne bewährt. Die Kinder fühlen sich dadurch ernst genommen.

im Haushalt helfen

In diesem Alter ist es gut für die Kinder, wenn sie bastelnd und gestaltend mit ihren Händen aktiv werden.

Indem Ihr Kind Märchen lauscht oder sich in Fabeln und Legenden vertieft, gelangt es innerlich zur Ruhe und kann seinen Bilderhunger stillen. Im siebten Jahr sind die Märchen der Gebrüder Grimm auf jeden Fall noch geeignet.

vorlesen

Märchen Märchen entsprechen der Entwicklungsstufe des Erstklässlers besonders gut. Das Kind mit sieben Jahren erlebt sich noch nicht so getrennt von der Außenwelt wie zum Beispiel ein neunjähriges. Es taucht noch ganz in die Märchenwelt ein und identifiziert sich mit den Gestalten. So kann man Märchen wählen, die vielleicht einen Bezug zum inneren Umbau des Kindes ahnen lassen.

Ich habe meinen Kindern in dieser Zeit eine Märchenfolge vorgelesen, die aus der Arbeit einer Waldorflehrerin mit ihrer ersten Klasse entstanden ist: *Die goldene Harfe* von Felicitas Muche[27] schildert in Form von wunderschönen Bildern und Klängen den Zerfall einer Einheit oder Harmonie, verbunden mit der Aufgabe, durch Prüfungen zu gehen, um zu Erkenntnissen des Lebens zu kommen. Die erste Geschichte mag Ihnen eine kleine Anregung bieten:

Es war einmal ein weiser, gütiger König, den liebten alle seine Untertanen. Ein jeder von ihnen durfte zu ihm kommen und für einen jeden wusste er Rat.

In dem Palast des Königs war ein Saal, den nannten die Menschen den ›Sternensaal‹. Zwölf Säulen, die mit wundersamen Bildern geschmückt waren, trugen die durchsichtig schimmernde blaue Kuppel. In der Mitte des Raumes stand eine Harfe aus purem Gold. Sieben Saiten verschiedener feinster Metalle waren darüber gespannt. Jeden Abend weilte der König in dem Sternensaal und spielte auf der Harfe. Da erstrahlten die Bilder in den zwölf Säulen immer mächtiger, die hellen Fenster zwischen ihnen öffneten sich weit und die Töne drangen sanft in die Welt hinaus, bis in die Herzen der schlafenden Menschen hinein.

Der König hatte ein Töchterlein, das war schön wie der lichte Tag und immer heiter in seinem Gemüt. Eines Tages war es durch die geöffnete Tür in den Sternensaal hineingeschlüpft. Da stand die Harfe mitten im Raum, den eine feine, leise tönende Stille belebte.

»Ach«, seufzte das Prinzesschen, »dürfte ich nur ein einziges Mal diese Saiten berühren, wie glücklich würde ich sein!«

Ein Diener war dem Königskind heimlich gefolgt. Der flüsterte ihm in sein Ohr: »Versuche es, niemand sieht und hört es.«

Das Prinzesschen erschrak: »Ich darf es nicht tun«, antwortete es. »Wenn ein anderer als der König die Saiten der Harfe bewegt, geschieht ein großes Unglück, so sagte der Vater.«

»Das musst du nicht so ernst nehmen«, entgegnete der Diener. »Wenn es gut klingt, freut sich der König über dich, und gelingt es dir nicht, dann hörst du auf und tust es nicht wieder.«

Zögernd trat das Prinzesschen zur Harfe. Zaghaft hob es die Hand. Dann aber fuhr es mit den Fingern blitzschnell über die Saiten der goldenen Harfe, indes das Herz ihm gewaltig klopfte, als wollte es zerspringen.

Da rissen die sieben Saiten, der Palast erzitterte, die Fenster zwischen den Säulen sprangen weit auf, ein gewaltiger Sturm durchbrauste den Sternensaal und trug die abgerissenen Saiten in alle Welt hinaus. Das Prinzesschen aber stand allein in der Finsternis, die den Raum und die ganze Welt erfüllte, denn der Diener hatte es verlassen.

Da kam der König. Er sah sogleich, was geschehen war. Er nahm sein Kind in die Arme und sprach: »Nun ist das Unglück da. Die Harfe ist verstummt. Der Schlaf der Menschen wird an Tiefe verlieren, der Tag unfroh und schwer für sie werden, die Arbeit den meisten von ihnen zur Last. Wer riet dir, dies zu tun?«

Weinend erzählte das Prinzesschen dem König, wie alles gekommen war. Dann bat es: »O Vater, ich will wieder gutmachen, was durch mich geschehen ist, sage du mir, wie kann ich das, was muss ich tun?«

Der König war sehr ernst. Lange Zeit schwieg er. Endlich sagte er: »Das wird sehr schwer werden. Du müsstest den Königspalast verlassen, die ganze weite Welt durchwandern, um die Saiten zu suchen und sie zurückzubringen. Es wird ein mühevoller, langer Weg für dich sein, o du geliebtes, törichtes Kind, denn du wirst heimatlos und hauslos werden.«

»Ich will alle Mühe auf mich nehmen, lieber Vater, wenn ich nur gutmachen darf, was durch meinen Ungehorsam geschehen ist«, sagte das Königskind leise.

Da küsste der König sein Kind auf die Stirn.

»Wann willst du gehen?«, fragte er das Prinzesschen.

»Morgen früh, wenn die Sonne aufgeht, lass mich gehen.«

»So gehe – doch wisse, mein Kind, wo du auch weilest, immer bewegst du dich in meinem Herzen, im Herzen des Vaters.«

Dann rief er den Diener und gebot diesem: »Du sollst dem Königskind auf seinem Wege folgen wie ein Schatten. Löst es seine Aufgabe, dann bist auch du frei.«

Am anderen Morgen, als die Sonne in ihrer purpurnen Herrlichkeit aus dem sich öffnenden Himmelstor hervortrat, verließ das Prinzesschen, das Königskind, den Palast seines Vaters. Am Arm trug es ein goldenes Körbchen, darin lag als Wegzehrung ein Brot und eine große, goldgelbe reife Traube aus dem Garten des Königs.

Der Diener folgte ihm stumm.

♦ ♦ ♦

Legende und Fabel

Mit dem achten Lebensjahr, also im zweiten Schuljahr, wird das Märchen von der Legende und insbesondere von der Tiergeschichte, der Fabel, abgelöst. Besucht Ihr Kind eine Waldorfschule, können Sie davon ausgehen, dass der Lehrer im Erzählteil Legenden und Fabeln wählt. In Absprache mit den Pädagogen kann der Erzählstoff aber ergänzend auf zu Hause ausgeweitet werden.

Die Fabel, die eine humorvolle Note haben sollte und dem Kind ein verstehendes Schmunzeln entlocken darf, wird nun im Gegensatz zum Märchen realistisch und leicht pointiert erzählt. Lassen wir *Lauter Hirsche* und die Legende *Vom Eichenlaub* sprechen:

Ein Hirsch mit prächtigem Geweih
Von achtzehn Enden ging spazieren.
Ein Hase lief vorbei,
Sah ihn und stutzte.
Starr auf allen vieren
Steht er und gafft ihn an,
macht Männchen, geht heran
Und sagt:

»Sieh mich doch an!
Ich bin ein kleiner Hirsch;
Dann spitz ich meine Ohren,
So hab ich solch Geweih wie du.«
Ein Esel hörte zu
Und sagte: »Du hast Recht,
Wir sind von einerlei Geschlecht,
Der Hirsch und ich und du.«
Der Hirsch tat einen Seitenblick
Und ging in seinen Wald zurück.[28]

♦ ♦ ♦

Vom Eichenlaub

Einmal hatte ein Bauer dem Teufel gegenüber seine Seele verwettet: Wenn alles Laub von den Bäumen abgefallen sei, dann dürfe der Teufel sie holen. – Nun hat ja der Teufel sonst kein Auge für Blume und Baum und für die schöne Welt. Dazu ist sein Herz viel zu arm. Aber in diesem Jahr hat er doch fleißig nach den Bäumen ausgeschaut.

Als die ersten goldenen Ahornblätter zur Erde wirbelten, da begann er zu hoffen. Die Blätter der Pappeln und Ulmen und die schönen roten des Kirschbaumes folgten bald nach. Auch die Buchen wurden kahl.

In einer stürmischen Novembernacht erschien der Teufel dem Bauern und verlangte seine Seele. Der Bauer kam aber keinen Augenblick aus der Fassung. »O mei, Herr Vetter«, sprach er, »so haben wir nicht gewettet! Schau dir doch einmal die Erlen am Bach an, die sind ja noch grün.« – Da schob der Teufel zornig wieder ab.

Als die Nachtfröste stärker wurden, mussten auch die Erlenblätter nachgeben! Und es war wirklich nun weit und breit kein grünes Blatt mehr zu sehen. – Wieder trat der Teufel vor den Bauern und verkündete ihm siegesgewiss: »Nun sind aber alle Blätter dürr!«

»Dürr?«, wiederholte der Bauer. »Wie kommst du mir denn vor?

Lautet unsere Wette auf die Zeit der dürren Blätter? Haben wir nicht buchstäblich ausgemacht: wenn alles Laub von den Bäumen abgefallen ist? – Davon ist noch keine Rede! Schau dir nur die Eichen am Hohlweg an! Freilich ist das Laub auch dort dürr, aber es hängt doch immer noch an den Ästen, Gott sei Dank! Wenn diese Eichbäume kahl sind, dann magst du kommen.«

Der Teufel knirschte mit den Zähnen, fauchte wütend und ballte die Fäuste, aber er musste wiederum unverrichteter Sache abziehen.

Das verflixte Eichenlaub hing aber auch gar zu zäh. Nicht einmal im Schnee fiel es ab. Kein Sturm vermochte es abzuschütteln. Es hing teilweise noch, als schon der Hollerbaum anfing, grün zu werden. Und die letzten alten, längst braun gewordenen Blätter fielen erst, als schon die jungen wieder zum Vorschein kamen. Der Teufel hatte also die Wette glänzend verloren.

Voller Wut ist er manchmal zum Eichbaum gefahren, und wie toll hat er nach den Blättern gekrallt. Davon haben die Eichblätter ihren merkwürdigen Rand, und es sieht wahrhaftig aus, als wären mit scharfen Fingernägeln kleine Stücke weggekrallt worden.[29]

♦ ♦ ♦

Die sinnige Geschichte

Im Zusammenhang von Konflikten, sei es mit den Geschwistern oder Eltern, möchte ich gerne noch die sinnige Geschichte erwähnen, die in einer schwierigen Situation Abhilfe schaffen kann.

nicht zu oft ermahnen und bestrafen

Am Ende des ersten Jahrsiebts verfügen die Kinder zwar bereits über den erwachenden Verstand, dieser ist aber noch wie eine zarte Blüte. Man darf ihn nicht mit allzu vielen Ermahnungen und Strafen belasten. Sie reagieren dann oft damit, dass sie sich zurückziehen oder aufsässig werden, ohne dass etwas erreicht wurde. Findet man hingegen eine Geschichte, in der sich das Kind in stiller Weise wiederfinden kann, hat dies eine heilsame Wirkung. So habe ich meinen

Kindern in Streitphasen die Geschichten von dem Jungen Kasimir und seiner Schwester Katinka erzählt. Darin kommt eine ähnliche Problematik auf, wie sie meine Kinder in dieser Zeit beschäftigte. Die Lösungswege, die in der Geschichte anklingen, konnten insbesondere meinen siebenjährigen Sohn erreichen. Die Jüngste erkannte sich in den Gestalten der Geschichte freudig wieder: »Kasimir und Katinka streiten ja wie wir!« Sie hatte das Bedürfnis, immer mehr von der Geschichte zu hören, während mein Sohn einen nach innen gekehrten Blick bekam und nachdenklich wurde.

sich in der Geschichte wiedererkennen

Kasimir und Katinka wohnen in einem Haus direkt am Wald. Sie haben viele Tiere, die jeden Morgen und Abend versorgt werden müssen. Katinka liebt es, die Enten zu füttern, und Kasimir kümmert sich um die Schafe. Wenn sie am Morgen aufstehen, zieht sich Kasimir oft besonders schnell an, was ihm gut gelingt, denn er ist ja schon älter als seine kleine Schwester. Dann läuft er eilig hinaus, um den Entenstall zu öffnen. Laut schnatternd watscheln die Enten heraus – o je, aber auch laut schreiend kann man Katinka hören. Hat doch Kasimir einfach ihre liebste Aufgabe erledigt!

Kasimir hört seine Schwester weinen ... doch schnell läuft er zum Schafstall, um die Schafe zu füttern. Ein Geblöke im Stall empfängt ihn, alle drängeln sich um den Hafereimer, nur das jüngste Schäflein ist nicht so flink und muss zuschauen, wie seine Brüder und Schwestern den ganzen Hafer auffressen.

So eine Ungerechtigkeit!, denkt Kasimir und schimpft mit den Schafen: »Ihr könnt doch nicht dem Jüngsten alles wegfressen.« Flink holt er noch eine Hand voll Hafer für das kleinste Schaf und lässt es fressen.

Ja, und Katinka – sie ist wütend und schimpft: »Immer macht Kasimir alles so schnell und drängelt sich vor! Blöder Kasimir!«

Kasimir kommt herein und denkt plötzlich an sein kleines Schäflein. Er erzählt dem Vater davon. Da wird es ganz still in der Küche. Ich glaube, allen tut das kleine Schäflein leid. Ob es wohl schneller werden muss als seine Brüder und Schwestern?

Vom Traumleben des Schulkindes

verändertes Traumleben

Es klang bei der Beschreibung des seelischen Umbaus im Gestaltwandel bereits an, dass die Kinder in dieser Zeit über ein verändertes Traumleben berichten. Sie haben mit wilden Tieren zu kämpfen und beginnen, sich mit bedrohlichen Trauminhalten auseinandersetzen zu müssen. So träumte ein sechseinhalbjähriges Mädchen von einem Elch, auf dem ein Jäger mit einer Flinte saß. Es kam ein kleines Kind angekrabbelt, welches der Jäger erschießen und dann den Elch essen wollte. An dieser Stelle ist sie erwacht. In einer anderen Nacht hat sich eine Krähe auf ihre Schulter gesetzt, ihr die Krallen in die Haut gedrückt und laut ins Ohr gekrächzt.

Anhand von zwei weiteren Beispielen soll nun erklärt werden, was es mit solchen bedrohlichen Traumerlebnissen auf sich hat.

Traum 1:
Ich bin von unserem Haus den Weg zum Gutshof gegangen. Der Weg hat viele Rosenbüsche an der Seite. Als ich zurückgekommen bin, hat sich ein großer, weißer Adler ein Nest auf dem Weg gebaut. Der Adler konnte zaubern. Ich bin den Weg trotzdem gegangen, da hat mich der Adler angegriffen und verzaubert, so dass ich liegen musste und ganz schwach wurde. Ich konnte nichts mehr tun. Dann habe ich mir trotzdem Stöcke genommen und sie auf den Adler geworfen. Ich habe laut gerufen: »Wenn du mich nicht wieder zurückverzauberst, hau ich dich!« Das hat aber nicht geholfen. Da habe ich einen großen Stein auf den Adler geworfen. Nun ließ er mich frei, und ich konnte aus dem Weg wieder herauskommen.

Traum 2:
Ich bin durch den Wald zu einer Schafweide gegangen, das Gras war ganz grün, und über einen Fluss musste ich auch. Als ich wieder zurück zu unserem Hof kam, stand unser Auto dort. Um das Auto herum schlängelten sich ganz viele Schlangen. Da bin ich ins Auto gesprungen. Von dort aus sah ich eine lila Schlange, die meine Schwester angesprungen hat. Ich habe sie gerufen und sie hat sich auch ins Auto gerettet. Die Schlange hat versucht, das Auto anzugreifen, sie hat einen Spalt unter dem Auto gefunden. Dann bin ich aufgewacht.

bedrohliche Tiergestalten

In den Träumen beider Kinder spiegelt sich einerseits ihr reales Lebensumfeld wider – das Leben auf dem Lande mit Tieren –, andererseits deutet einiges auf einen seelischen Umbau im Kind hin, der sich in Form von Tiergestalten darstellt.

der Schlaf im ersten Jahrsiebt

Richtet man den Blick wieder einmal rückwärts in die kindliche Entwicklung, dann lässt sich beobachten, dass das Kind im ersten Jahrsiebt noch anders schläft als während und nach dem Zahnwechsel. Geisteswissenschaftlich gesehen kann das Kind bis zu seinem siebten Lebensjahr noch nicht mit derselben Kraft in seinen Schlafzustand das hineintragen, was es später als seelische Kraft hineingibt. Die Kräfte im ersten Jahrsiebt sind ja noch stark mit dem körperlichen Organismus beschäftigt. Das Kind sendet noch keine konturierten Begriffe, noch nichts von dem, was es in der Welt erlebt, in den Schlafzustand, das heißt in das Traumleben hinein. Die Traumbilder haben dementsprechend noch wenig scharf umrissene Vorstellungen. Eine Veränderung vollzieht sich erst in Verbindung mit dem Freiwerden der Bildekräfte und dem damit ausreifenden Vorstellungsvermögen, was an den beschriebenen Kinderträumen deutlich sichtbar wird. Die ganze Seelenkonstitution beginnt sich in dieser Zeit zu wandeln.

Geisteswissenschaftliche Vertiefung

der ›Kampfzustand‹ der Seelenkräfte

Rudolf Steiner beschreibt die Verwandlung der Seelenkräfte, die sich mit dem Zahnwechsel abspielt, als einen heftigen ›Kampfzustand‹, der im Kind vor sich geht.[30] In diesem Lebensabschnitt ›kämpft‹ der frei gewordene Bildekräfteleib gegen den Seelenleib, die Wachstumskräfte gegen die heranreifende Atmung. Wie bereits erwähnt waren die Kräfte, die teilweise durch den Zahnwechsel und die jeweils damit verbundene Organreife frei werden, ursprünglich Wachstumskräfte. Ein beträchtlicher Teil von ihnen bleibt im Leiblichen zurück und bewirkt das Wachstum bis zur Pubertät, stemmt sich aber gleichzeitig sozusagen gegen etwas, das im Kind durch den Atmungsprozess auftritt.

die Atmung als seelischer Vorgang

Dieser ist, im hier gemeinten Sinne, als ein Seelenvorgang zu verstehen. Äußerlich betrachtet regt der Atmungsvorgang die Lebensprozesse an, da der Sauerstoff im Blut überall in den Zellen die Verbrennung entfacht und damit den Stoffwechsel in Gang bringt. Der *seelische* Vorgang der Atmung kann in den Empfindungskräften gesehen werden, die mit der Atmung auftreten.

Es gibt keine Empfindung, die sich nicht in der Atmung ausdrücken würde. Bin ich zornig, ist meine Atmung gestaut. Bin ich freudig, überwiegt meine Ausatmung, in der Angst halte ich die Luft an, in der Ruhe oder Andacht kann der Atem als tief erlebt werden und so weiter. Aber auch die intensivsten Kräfte der Begierde, wie Hunger, Durst und der Fortpflanzungstrieb, sind tief mit der Seele verbunden, eben mit dem Teil des Empfindungs- oder Seelenleibes, der eng mit der Verdauungs- und Genitalorganisation verwoben ist.

die Reifung der Atmung

Dieser seelische Atmungsvorgang steht am Ende des ersten Jahrsiebts noch nicht im Einklang mit den Wachstumskräften des Kindes. Ein harmonischer Zustand wird dann erst im zweiten Jahrsiebt, bei der Reifung der Atmung zur Geschlechtsreife bis zum vierzehnten Lebensjahr erreicht. Diese Dissonanz zwischen den Wesensgliedern des Kindes führen dann zu dem unausgeglichenen Verhalten, wie wir es beschrieben haben.

Bringen wir das Gesagte nun mit dem Bild des Hausbaues beim Irdisch-Werden des Kindes in Verbindung, dann bedeutet das nichts anderes, als dass das Kind mit dem Zahnwechsel seinen Neubau fertig gestellt hat und nun zum Einzug bereit ist. Aber wie bei jedem Bezug eines Hauses steht nicht das ganze Mobiliar gleich an der richtigen Stelle und nicht alle Bewohner haben sogleich ihren Platz gefunden. Vielmehr gehören Stress, Unruhe und vielleicht sogar anfängliche Schlafstörungen im neuen Haus mit dazu. Auch sind nicht gleich alle Gäste willkommen, sondern man benötigt eine Zeit der Eingewöhnung, dann wird man mehr und mehr ein souveräner Gastgeber.

Eingewöhnung in die neue Lebensphase

Große Entwicklungsschritte müssen erst einmal verarbeitet werden. Darunter leidet dann oft die Ausgeglichenheit.

Bezogen auf den angesprochenen inneren Kampf heißt das für das Kind, dass es in eine wachsende Selbständigkeit hineinkommt, die von einem ständigen Auf und Ab begleitet errungen werden muss. Das Ich des Kindes wird stärker. Immer weniger schwingt es nur in

Erringung von Selbständigkeit

Sympathie mit der Umgebung mit. Es bildet einen seelischen Innenraum, durch den sich das Kind als ein ganz Eigenes erlebt und wacher seiner Mitwelt gegenübersteht.

Hier sind wir dann beim neunten Lebensjahr angelangt, in dem das Kind in eine Phase stärkerer Autonomie eintritt, die aber auch von Einsamkeit und dem Gefühl, nicht verstanden zu werden, begleitet ist. In dieser Zeit nabelt sich das Kind von seinem himmlischen, vorgeburtlichen Dasein ab und wird auch gegenüber den geistigen Realitäten, mit denen es noch verbunden war, selbständig. Im Schlaf besteht diese Verbindung weiter. Diese Trennung geschieht durch den ausreifenden Atemprozess und macht es dem Kind möglich, sich mehr und mehr mit dem irdischen Leben zu verbinden und es zu ergreifen. Der im selben Zeitraum durchtretende Eckzahn zeigt diesen Schritt an. Er ist Ausdruck für das Selbstbehauptungsvermögen des Kindes. Bezeichnenderweise kommen die Eckzähne meist gleichzeitig mit den ersten Prämolaren zum Vorschein, die mit der Lunge, also der Atmung zusammenhängen.

Traumbilder als Symbol neuer Entwicklungsschritte

Betrachten Sie noch einmal die anfänglich geschilderten Träume, dann wird deutlich, dass sich im Kind Veränderungen abspielen, die sehr einschneidend sind.

Tiere als Symbol des seelischen Kampfes

Interpretiert man das Tier als ein Symbol für das Seelische im Kind, dann lässt sich der Kampf in seinem Innern in der Weise, wie Rudolf Steiner ihn beschreibt, gut nachvollziehen. Wir haben sozusagen eine Gesetzmäßigkeit für dieses Alter gefunden, die es aber ganz individuell zu betrachten gilt. Denn bei jedem Kind sieht der Kampfplatz und die Kampfszene je nach Konstitution und sozialem Umfeld anders aus.

Wie können wir die Träume unserer Kinder begleiten?

Wenn Ihre Kinder Ihnen ihre Träume erzählen, dann nehmen Sie sich die Zeit, ihnen zuzuhören. Reden Sie ihnen die Träume nicht aus, indem Sie sagen: »Das hast du nur geträumt!« Sie haben hier die Möglichkeit, etwas aus der Tiefe der Seele Ihres Kindes zu erlauschen.

zuhören

Vielleicht können Sie Ihrem Kind helfen, den Moment der Angst im Traum zu überwinden. Bei dem Jungen, der uns den ersten geschilderten Traum erzählt hat, ist dies gelungen: Er hatte diesen Traum in seinem achten Lebensjahr mehrmals geträumt und wachte immer angstvoll und hilflos auf. Man sagte ihm, er solle sich ein starkes, mutiges Tier herbeirufen, das ihm hilft, aus der Verzauberung herauszukommen. Da er zu der Zeit Elefanten sehr bewunderte, wurde der Retter ein junger Elefant. Wie er die Situation dann wirklich im Traum gelöst hat, hat er nicht erzählen können. Aber wichtig war, dass man ihm Verständnis, Ruhe und Zuversicht vermitteln konnte.

Überwindung der Angst

Versuchen Sie auf keinen Fall, dem Kind die katastrophalen Situationen, die in den Träumen vorkommen und unter anderem auch Ausdruck einer Erlebnisverarbeitung sein können, auszureden oder zu verharmlosen. Sie bieten günstige Voraussetzungen, um dem Autonomiestreben Energie zuzuführen. Das Geschehen im Traum ist Ausdruck eines Konfliktes, einer Veränderung im Kind, die nicht von außen auf es zukommt, sondern von innen an ihm arbeitet. René Sommer, ein Schweizer Lehrer und Heilpädagoge, der ganze Traumserien von Kindern gesammelt und beleuchtet hat, beschreibt solche Traumerlebnisse als eine Horizonterweiterung im Kind, die das Heraustreten aus einer Schutz spendenden Situation innerlich vorwegnimmt.[31] Es würde eine falsche Sicherheit erwecken, wenn man die gefährlichen Situationen im Traum herunterspielen wollte. Sie haben einen unabhängigen Selbstwert.

Traumerlebnisse nicht verharmlosen

Traumerlebnisse als Horizonterweiterung

Für das Kind ist das Heraustreten aus einer Schutz spendenden Situation, hier in der Phase des Gestaltwandels, des Zahnwechsels und der Einschulung, eine immer wiederkehrende Erfahrung, die etwas mit der Lebenswirklichkeit zu tun hat. Die Gefahren im Traum

Stärkung des Selbstbewusstseins

stärken sein Selbstbewusstsein. »Die kindliche Belastbarkeit ist viel höher, als man allgemein annimmt. Das Traumgeschehen mutet dem Kind nie mehr zu, als es verkraften könnte, sofern es nicht durch die wichtigen Bezugspersonen überängstlich gemacht und verzärtelt wurde. Es tut dem Kind gut zu erfahren, dass es sich auf die Tragfähigkeit eigener innerer Instanzen verlassen kann und muss – was nicht ausschließt, dass wir schwierige Situationen mit Anteilnahme und Aufmerksamkeit begleiten.«[32]

Träume als Vorboten von Persönlichkeitsveränderungen

Der Umgang mit Kinderträumen bietet uns Eltern und Erziehern die Möglichkeit, auf Persönlichkeitsveränderungen im Kind zu blicken, bevor sie ganz real ins Leben treten. Im Traum wird bereits durchgespielt, was es als Nächstes in seine Lebenswirklichkeit integrieren sollte. Das Kind befindet sich auf einem Weg mit dem deutlichen Ziel, das Leben selbst zu steuern.

Kritische Durchgangssituationen gehören zur Entwicklung, und wir dürfen unser Kind nicht davor bewahren. Aber wir können sensibel dafür werden, was es als Veränderung im Alltag benötigen könnte, wenn es in einer kritischen Zeit der Umgestaltung steckt.

Das Zahnwechselkind und seine Ernährung

Es wurde bereits erwähnt, dass die Zahnwechselzeit auch in Bezug auf die Ernährung eine labile Phase bedeuten kann. Bei vielen Kindern entwickelt sich ein gesteigertes Bedürfnis nach Süßigkeiten, vielleicht, weil die Süße des Lebens in dieser Umbauzeit ein bisschen verloren gegangen ist. Meist nimmt der Appetit allgemein etwas zu. Auch hier wollen wir in die Entwicklung des Kindes zurückblicken, um daraus Anregungen für eine angemessene Ernährungsempfehlung im Schulalter abzuleiten.

gesteigertes Bedürfnis nach Süßigkeiten

In den ersten sieben Lebensjahren werden das Gehirn und das Nervensystem des Kindes ausgebildet, so dass es mit dem Schulalter das Rechnen, Schreiben und Lesen erlernen kann. Mit dem Zahnwechsel bis hin zur Pubertät steht dann die Ausbildung von Herz und Lungen im Vordergrund, was man auch daran erkennen kann, dass das Kind Atmung und Blutkreislauf viel stärker erlebt. Mein Sohn und meine Tochter haben in dieser Zeit manchmal meine Hand auf ihre Brust gelegt, damit ich das Klopfen ihres Herzens fühle.

Wie sich also im ersten Jahrsiebt die Organe zum Denken und Lernen ausgebildet haben, ent-

Viele Kinder entwickeln in dieser Zeit ein gesteigertes Bedürfnis nach Süßigkeiten.

wickeln sich jetzt die Organe für das Fühlen des Menschen. Der kleine Mensch empfindet zwar auch schon Leiden und Freuden, aber ein freies Strömen der Gefühle entwickelt sich erst im Laufe der Pubertät.

Was geschieht auf leiblicher Ebene?

Herzschlag und Atemstrom

Durch die Tätigkeit von Herz und Lungen prägt sich im Inneren des Kindes eine bestimmte Rhythmik aus. Dabei sind der Herzschlag und der Atemstrom aneinander gekoppelt. Die Entwicklung des Kindes geht vom beginnenden Schulalter an auf eine Harmonisierung oder Reifung der Atmung zu, die mit dem neunten Lebensjahr verstärkt in Gang kommt. Ab zwölf Jahren kann man dann von einer Atemreife sprechen.

das Verhältnis von Atmungs- und Pulsfrequenz

Physiologisch kann man diesen Prozess daran erkennen, dass während der Zahnwechselzeit das Verhältnis zwischen Atmungs- und Pulsfrequenz labil zu werden beginnt. Mit neun Jahren hat sich der durchschnittliche Puls so beschleunigt und die Atmung so verlangsamt, dass sie in einem Verhältnis von 1 : 4 stehen. Das heißt, bei jedem Atemzug schlägt das Herz ungefähr viermal. Erst im Alter von zwölf Jahren bleibt dieses Verhältnis dann stabil.

seelischer Ausgleich durch bewusste Ernährung

Durch eine bewusste Ernährung können wir den Kindern zu einem seelischen Ausgleich ihrer Mitte verhelfen. In dem Buch *Ernährung unserer Kinder* geht Udo Renzenbrink, der sich auf jahrelange Untersuchungen bezieht, darauf ein, dass die Ernährungsweise den Puls und den Atem-Quotienten je nach ihrer Art entweder normalisiert oder aus dem Gleichgewicht bringt. Durch jede Nahrungsaufnahme wird das Herz beansprucht, was sich in einer Erhöhung des Schlagvolumens ausdrückt, also der Blutmenge, die das Herz bei jedem Schlag zu bewältigen hat. Bereits nach einer einfachen Reismahlzeit steigt das Schlagvolumen oft um das Mehrfache an. Dadurch können krisenhafte Situationen ausgelöst werden. Fügt man nun dem Reis

Gewürze hinzu, beispielsweise Curry oder Paprika, bleibt die Erhöhung des Schlagvolumens aus, wenn das Kind diese Zutaten auch wirklich ›schmeckt‹.

Wirkung von Gewürzen

Ganz besonders wirksam hat sich die Ernährung auf der Grundlage von Getreide zusammen mit Gewürzkräutern gezeigt. Im Gegensatz zu einer konventionellen Kartoffel-Fleischkost harmonisiert sie die rhythmischen Funktionen.

Es lässt sich erahnen, dass ein gesunder Rhythmus im Seelischen zum Aufbau des rhythmischen Bereiches im Leiblichen beiträgt. So hilft man dem Kind mit einem guten Essensrhythmus. Essen die Kinder viel zwischendurch, belastet das die Milz und die Kinder werden zappelig und unruhig. Regelmäßige Zwischenmahlzeiten mit Äpfeln oder Möhren können dem Kind helfen, dem Drang nach Süßigkeiten zu widerstehen.

guter Essensrhythmus

Wie kann Ernährung im Schulalter aussehen?

Das Schulkind benötigt viel grünen Blattsalat, Feldsalat und Kresse als Frischkost. Ebenso Wildkräuter, verschiedene Kohlarten und alles Blatt- und Stängelgemüse, denn Blatt und Stängel der Pflanzen wirken auf Herz und Lunge des Menschen. Im Blatt atmet die Pflanze, nimmt das Licht auf und bildet die Kohlenhydrate. Außerdem sind im grünen Blatt auch Fettprozesse veranlagt. Diese Fette gelangen im Menschen durch den so genannten Brust-Milchgang in den Herz-Lungenbereich und werden dort in die innermenschliche Sphäre aufgenommen. Sie dienen als Wärmespender im Blutkreislauf und kräftigen die innere Struktur der Lungen.

Salate und Gemüse

Für eine gesunde Herztätigkeit benötigt der Mensch ausreichend Magnesium, ein Metall, das eine Schlüsselstellung beim Bewegungsablauf des Herzmuskels einnimmt. Darüber hinaus fördert es auch die Wachstums- und Regenerationsvorgänge im Körper und damit auch die Ausformung der Zähne und Kiefer. Magnesium finden wir

Magnesium

besonders im Blattgrün, am stärksten jedoch im vollen Korn des Getreides.

Eisen Außerdem benötigt der Organismus genügend Eisen, denn Magnesium und Eisen ermöglichen zusammen mit einigen anderen Substanzen, dass die Zellatmung bis in die kleinste Körperzelle hinein ablaufen kann. Auch hierfür ist eine Ernährung mit Getreide, grünem Gemüse und Obst sinnvoll.

Getreide Das volle Getreide kann einen großen Platz in der Ernährung einnehmen. Es enthält alle wesentlichen Substanzen, die man zum Leben braucht. Es wäre für den Menschen durchaus möglich, sich ausschließlich auf Getreidebasis zu ernähren, ohne Mangel zu leiden.

Speziell Gerste, Hirse und Roggen enthalten sehr viel Kiesel, Silicea, eine Substanz, die in der kindlichen Entwicklung eine außerordentliche Rolle spielt. Kiesel ist wichtig für die Ausbildung der Bindegewebe, die im weitesten Sinne Grundlage der Gestaltungsvorgänge im menschlichen Körper sind, also unter anderem auch der Gestaltungsvorgänge im Kopf- und Kieferbereich.[33]

Kiesel Da unsere heutige Ernährung sehr kieselarm ist, bemerkbar auch an sprödem Haar, rauer Haut, der Neigung zu Allergien und Ähnlichem, ist eine Ernährung, bei der kieselreiche Getreidesorten eine wichtige Rolle spielen, sehr empfehlenswert, auch für den Erwachsenen.

Besonders bewährt hat sich ein kieselreiches Getränk auf Gerstenbasis, schmackhaft wie ein leichter Apfelsaft, das so genannte ›Burley-Water‹, unser ›Schönheitswasser‹ oder welchen phantasievollen Namen Sie ihm auch geben mögen, um es den Kindern nahe zu bringen. Mit etwas Routine kocht es sich fast von selbst. Es fördert zudem die Milchbildung bei stillenden Müttern und ist mit seinem hohen Kieselgehalt gerade für das ungeborene Kind, das ja enorme Körperbildeprozesse leisten muss, ein Segen. Hier das Rezept:

Gerstenwasser

100 g Gerste (3–5 Stunden einweichen lassen)
2 Feigen
1/2 unbehandelte Zitrone (Schale mitkochen)
1/2 Stange Zimt
4 Nelken
Ingwerwurzel, am liebsten frisch.

Die eingeweichte Gerste mit den anderen Zutaten aufkochen und zwei Stunden lang köcheln lassen. Durch ein Sieb abseihen und das Gerstenwasser mit

1 l Fruchtsaft natur (Apfel, Birne oder Ähnliches)
2 El Honig
1 Prise Salz

abschmecken. Heiß und kalt eine Wohltat!

Der Zucker

Welche Rolle spielt nun der Zucker in der Ernährung?

›versteckter‹ Zucker

Die kariesfördernde Wirkung des Zuckers ist hinreichend bekannt. Wenn man das Wort ›Zucker‹ hört, denkt man immer zuerst an weißen Zucker, vielleicht auch an Süßigkeiten und bunte Bonbons. Dass aber jedes Brötchen eine Verkettung von Zuckermolekülen ist, merken wir erst, wenn wir den Bissen richtig kauen und er auf einmal süß schmeckt, weil die Verdauung im Mund den Zucker freigelegt hat. So wie im Brötchen findet sich Zucker versteckt in vielen Nahrungsmitteln, nicht nur *der* Zucker, der Rohrzucker nämlich, sondern auch andere Arten von Zucker, die nicht minder belastend für unseren Körper sind, wenn sie im Übermaß genossen werden. (In Nahrungsmitteldeklarationen erkennen Sie die enthaltenen Zucker an der Endung ›-ose‹, zum Beispiel Fruct*ose*, Mann*ose*, Gluc*ose*.) Auch hier gilt es, die Mitte zu finden, dem zentralen Thema dieses Buches treu bleibend. *Zucker als Energiespender* Zucker ist durchaus wichtig für unsere Ernährung, da er die Grundlage der körperlichen Energiegewinnung bildet. Ohne funktionierenden Zuckerstoffwechsel könnten wir nicht leben. Doch ist das Leben weise eingerichtet, und so hat unser Körper Möglichkeiten, mit Hilfe der Verdauungsorgane, durch Verdauungs*arbeit* den Zucker aus den Nahrungsmitteln zu lösen und zu verwerten.

Verdauung ist Arbeit

Dass dies Arbeit ist, merken wir daran, dass wir nach dem Essen müde werden, die Kräfte in der Verdauung gebunden sind und uns zum Denken und Arbeiten zeitweise weniger zur Verfügung stehen. Deshalb ist es gut, nach dem Essen zu ruhen. Denn diese Arbeit ist wichtig für die Leistungsfähigkeit unserer Stoffwechselorgane, ein Training sozusagen, speziell beim Kind. Trainieren wir unsere Organe nicht, werden sie schwach, nicht leistungsfähig, und können so auf Dauer unseren Körper nicht richtig aufbauen beziehungsweise von Schadstoffen entlasten, was zu Krankheiten führen kann.

Zucker und Konzentrationsfähigkeit

Der Stoffwechsel des Nerven-Sinnes-Systems, der für die Durchblutung des Gehirns und somit für die Konzentrationsfähigkeit sorgt, gewinnt seine Energie aus der ›Verbrennung‹ des Zuckers. Viele Kinder leiden unter einer mangelhaften Ernährung, die sich in Leistungsschwächen mit Nervosität und Konzentrationsmangel äußert. *Vitamin B_1* Ursache ist oftmals eine mangelnde Zufuhr des Nervenvitamins B_1, das für den Zuckerstoffwechsel unabdingbar nötig ist und vor allem im vollen Korn vorkommt.

Wirkungen von weißem Zucker

Isst man viele Weißmehlprodukte oder weißen Zucker, den so genannten Industriezucker, steigt der Zuckergehalt im Blut schlagartig an und die Bauchspeicheldrüse muss sich anstrengen, genauso schnell Insulin zu produzieren, damit der Zucker rasch ins Gewebe überführt und umgesetzt wird. Nun sinkt der Zuckergehalt des Blutes wieder auf ein normales Maß. Da aber die Bauchspeicheldrüse ihre Tätigkeit den Schwankungen des Zuckergehaltes nicht so schnell anpassen kann, hat sie sozusagen nicht schnell genug bremsen können, und so senkt das überschüssige Insulin den Zuckergehalt weiter und es kommt zur Unterzuckerung, die sich in einem Hunger nach ›mehr‹ äußert – ein Teufelskreis entsteht.

Ernährt man sich stattdessen mit Vollwertprodukten, können die Verdauungsorgane den darin enthaltenen Zucker durch Verdauungsarbeit nur mühsamer lösen, er wird langsamer frei. Die Bauchspeicheldrüse kann sich in Ruhe dem Bedarf anpassen und braucht keine großen Schwankungen auszugleichen, was sie möglicherweise auf Dauer überfordern würde. Gleichzeitig nimmt man mit Vollwertprodukten auch das wichtige Vitamin B_1 auf, so dass der ganze Zucker-Stoffwechsel auf eine gesündere Weise ablaufen kann.

Ernährung mit Vollwertprodukten

Die Belastung der Bauchspeicheldrüse durch einen zu schnell steigenden Blutzuckerspiegel mag auch ein Beispiel dafür sein, wie die heutigen Lebensgewohnheiten die Leistungsfähigkeit unseres Körpers überfordern können. Ingvo Broich sagt in seinem Buch *Das Mundorgan* über die Zunahme von Haltungs- und Bindegewebsschwächen, Allergien, chronischen Krankheiten und Übergewicht bei Kindern: »Eine üppige Fehlernährung mit einem Mangel an den so genannten biologisch aktiven Substanzen (Vitamin B_1 bis B_6, Eisen, Magnesium, Kalzium) spielt dabei eine Rolle, aber sicher auch das, was der Medizinhistoriker Schipperges als die ›Mühle der Selbstzerstörung‹ bezeichnete, die wir gegen uns in Gang gesetzt haben.

Belastung des Organismus durch heutige Lebensgewohnheiten

Automation, Stress, Leistungsdruck, Einseitigkeit, Reizüberflutung, Einschränkung des Bewegungsraumes mit Mangel an Bewegung, körperentfremdete Sinnlichkeit, innerer und äußerer Orientierungsverlust, Missachtung aller Werte, Gewalt sind heute alles Faktoren, die die Ausgangslage des Kindes beeinflussen und sich auf die Lebenskraft und die Ordnung biologischer Systeme und Funktionskreise verheerend auswirken.«

Sind Zuckerersatzstoffe eine Lösung?

Bei Zuckerersatzstoffen handelt es sich in aller Regel um künstlich hergestellte Substanzen, für die es in unserem Körper keine sinnvollen Stoffwechselwege gibt und die ihm bestenfalls nichts nützen, ihn manchmal aber sogar belasten, unter Umständen zu Durchfällen führen. Nach Georg Scherpff ist sogar davon auszugehen, dass unsere Karies erzeugenden Mundbakterien sich allmählich an diese Stoffe anpassen. Ein Schutz vor Karies ist dann nicht mehr gegeben.

Zuckerersatzstoffe

Was tun wir nun mit all den geschenkten Süßigkeiten?

geschenkte Süßigkeiten

Man kann versuchen, ob das Kind damit einverstanden ist, die geschenkten Leckereien in einem Glas zu sammeln und das volle Glas einzutauschen gegen die Erfüllung eines Wunsches. So hat unsere Tochter Linnéa ihren lang ersehnten Regenschirm bekommen.

Nahrungsmittelunverträglichkeiten

Nicht vergessen dürfen wir, dass es viele Kinder gibt, die unter Nahrungsmittelunverträglichkeiten leiden, das heißt, dass sie nicht in der Lage sind, die entsprechenden Nahrungsmittel vollständig abzubauen. Hier muss man sehen, ob es mit Hilfe der Menschen, die das Kind begleiten, Eltern, Ärzte, Pädagogen usw., gelingt, das Kind so zu stärken, dass es seine Stoffwechselorganisation beherrschen kann. Heileurythmie und andere Therapieformen können unterstützend helfen.

Ein Vorschlag zur sinnvollen Ernährung

Harmonisierung der Mitte

Will ich mein Kind leistungsfähig in den Schulalltag schicken und auf eine *Harmonisierung seiner Mitte* bedacht sein, wähle ich ein vollwertiges Frühstück vor der Schule für mein Kind und berücksichtige die genannten Gesichtspunkte auch bei der Zusammenstellung des Pausenfrühstücks. Ein Schokoladenriegel, der den Blutzuckerspiegel absinken lässt und die Verdauung überfordert, kann wunderbar durch eine Möhre ersetzt werden, denn die Möhre als Wurzelgemüse, in dem die Salzprozesse vorwiegen, unterstützt die Nerven-Sinnes-Tätigkeit und regt somit die Konzentrationsfähigkeit und das Denken an.

Zusammenfassend lässt sich sagen, dass für das Schulkind eine Ernährung mit Blattgemüse wie Spinat, Mangold, Brennnessel, Blattsalate und Kohlarten, aber auch Wurzelgemüse in Verbindung mit Getreide bevorzugt aus Hirse, Hafer, Reis und Buchweizen förderlich ist. Gerste und Roggen können in Form von Schrot und Thermogrütze und vollwertigem Gebäck gegeben werden.

Nüsse und Mandeln mit ihren Wärme spendenden Ölen sowie Sahne und Milchprodukte sind eine wichtige Ergänzung. Viel Obst, auch Hagebutte, Beerenobst und Blut bildende Aprikosen tun dem Kind gut.

Dabei wollen wir aber auch nicht vergessen, dass das mit Freude und Appetit gegessene Essen vom Körper des Kindes wesentlich besser aufgenommen wird als alles, was es mit Widerwillen, vielleicht auch in gestresster Atmosphäre isst, sollte es auch ein noch so schönes vollwertiges Essen sein. Deshalb sollten wir auch ›Fünf gerade sein lassen‹, wenn ab und zu einmal eine Portion Pommes mit Fischstäbchen auf den Tisch kommt oder der Nachtisch aus Götterspeise besteht, solange es nicht zur Regel wird. Langfristig kann es auch hilfreich sein, wenn das Kind eine ihm vermeintlich nicht schmeckende Speise zumindest einmal probiert, einen ›Zwergenlöffel‹ davon kostet. Denn auch das Geschmacksempfinden des Kindes ändert sich mit der zunehmenden Beherrschung des Stoffwechsels, und so würde es vielleicht manch leckere Speise lange nicht für sich entdecken.

Tischsprüche

Hat man in der Familie noch nicht die Gewohnheit eines Tischspruches eingeführt, so mögen die folgenden Sprüche als Anregung dienen. Sie helfen den Kindern, sich zu sammeln, gewissermaßen im Händefalten ihre Mitte zu finden und Aufmerksamkeit und Ehrfurcht vor der Nahrung zu entwickeln.

Erde, die uns dies gebracht,
Sonne, die es reif gemacht. –
Liebe Sonne, liebe Erde,
euer nie vergessen werde!

Christian Morgenstern[34]

Das Brot vom Korn,
Das Korn vom Licht,
Das Licht aus Gottes
Angesicht.

Die Frucht der Erde
Aus Gottes Schein
Lass Licht auch werden
Im Herzen mein!

Martin Tittmann[35]

Bei jedem Bissen Brot
Denk an der Sonne Rot,
Die Korn auf Körnlein hat erwärmt
Und wachsen ließ aus Liebe.

Bei jedem Bissen Brot
Denk an des Bruders Not,
Der einsam sich am Hunger härmt.
O du, den Gottes Segen wärmt –
Geh, gib ihm – Brot und Liebe!

Herbert Hahn[36]

Jedes Tierlein hat sein Essen,
Jedes Blümlein trinkt von dir,
Hast auch unser nicht vergessen,
Lieber Gott, wir danken dir.

Wir wollen danken für unser Brot,
Wir wollen helfen in aller Not,
Wir wollen dienen – die Kraft gibst du.
Wir wollen lieben – Herr, hilf dazu.

Die Schulung der Wahrnehmung

Selbsterziehung des Erwachsenen

Zum Schluss wollen wir uns nun noch dem Erwachsenen und seiner Selbsterziehung widmen. Gerade in der Erziehung von Kindern benötigen wir eine gute Wahrnehmungsfähigkeit, um zu einem erkennenden Handeln zu gelangen. Die Grundvoraussetzung für eine Wahrnehmung ist eine gewisse Seelenruhe – ein inneres Gleichgewicht. Werde ich von einem Hochgefühl getragen oder bin ich tieftraurig, ist die Wahrnehmungsfähigkeit durch die Brille meiner Gefühle beeinträchtigt.

das Wesentliche bleibt oft im Verborgenen

Oft sind es die unsichtbaren inneren Prozesse im Kind, die Fragen in uns aufwerfen. Was in den vorangegangenen Kapiteln geschildert wurde, mag Ansatzpunkte bieten, um zu einem tieferen Verständnis der Entwicklung des Kindes zu gelangen. Schließt sich nun noch eine innere Arbeit an, dann können sich eigene Wahrnehmungsorgane bilden, die ganz sicher eine Auswirkung auf unsere Erziehungsweise haben.

Schulungsübungen von Rudolf Steiner

Rudolf Steiner hat in verschiedenen Schriften Angaben zu Schulungsübungen gemacht, die den Menschen in seinen Lebens- und Seelenkräften, in seiner Wahrnehmung stärken können. Ich möchte hier auf zwei Vorträge verweisen: *Die praktische Ausbildung des Denkens*[37] und *Nervosität und Ichheit*.[38]

Samenkornmeditation

Zu der Entwicklungsphase des Zahnwechsels möchte ich die Samenkornmeditation aus dem Buch *Wie erlangt man Erkenntnisse der höheren Welten?*[39] hervorheben. Rudolf Steiner beschreibt diese Meditation in dem Abschnitt *Kontrolle der Gedanken und Gefühle*. Er geht davon aus, dass in der Gefühls- und Gedankenwelt die größten Geheimnisse verborgen liegen, es kommt nur darauf an, dass diese in die rechte Richtung gebracht werden. Mit Hilfe einer solchen Meditation bilden sich die seelisch-geistigen Kräfte feiner als gewöhnlich aus, so dass man als Übender eine intensivere Wahrnehmungsfähigkeit für das im normalen Leben Unsichtbare an sich beobachten können wird, die zu einer verstärkten Ahnung der verborgenen Vorgänge im Kind führen kann.

Die Samenkornmeditation

Ausgangspunkt ist ein kleines Samenkorn, welches Sie vor sich hinlegen. Beschreiben Sie nun für sich Farbe, Form und alle anderen Eigenschaften des Samens.

Prozesse des Keimens und Wachsens

Stellen Sie sich dann vor, was weiter mit dem Samenkorn geschieht, wenn es in die Erde gelegt wird. Es wird keimen und wachsen, bis in Ihrer Phantasie eine Pflanze entstanden ist. Denken Sie sich dann: »Was ich mir jetzt in meiner Phantasie vorstelle, das werden die Kräfte der Erde und des Lichtes später wirklich aus dem Samenkorn hervorlocken. [...] in dem Samenkorn ruht schon auf verborgene Art – als *Kraft* der ganzen Pflanze – das, was später aus ihm herauswächst.«[40] Gehen Sie diesem Gedanken nach: Das Unsichtbare wird sichtbar werden. Durch die Kraft Ihres Denkens werden Sie eine Ahnung bekommen von etwas, das erst später sichtbar wird.

Prozesse des Absterbens und neuen Werdens

Rudolf Steiner rät, eine weitere Übung anzuschließen. Hat man sich erst mit dem Wachstum einer Pflanze beschäftigt, so richte man jetzt seine Wahrnehmung auf die Prozesse des Absterbens und des neuen Werdens im Welken und Samenbilden. Sie werden bemerken, dass eine solche Übung dazu verhelfen kann, ein feineres Wahrnehmungsorgan im Zusammenhang mit den Lebensprozessen in Ihrer Umgebung auszubilden. Bezogen auf unser Thema bedeutet das, dass Sie sich ein tieferes Verständnis für die bedeutsamen Umbildungen im kindlichen Organismus erwerben können.

Anmerkungen

1 Markus Adolf Schaffner, *Kinder, wie sie sind,* Basel 1942
2 Hermann Lauffer, *Unsere Zähne – Opfer der Zivilisation?,* in: Merkblatt aus der Reihe *Soziale Hygiene,* Bad Liebenzell 1988
3 Vgl. Armin Husemann, *Der Zahnwechsel des Kindes,* Stuttgart 1996
4 Ingvo Broich, *Das Mundorgan,* Heidelberg 1988
5 Stuttgart 1996
6 Rudolf Steiner, *Die pädagogische Praxis vom Gesichtspunkte geisteswissenschaftlicher Menschenerkenntnis,* Dornach [4]1989 (GA 306), Vortrag vom 16.4.1923
7 Aus: José Mauro de Vasconcelos, *Wenn ich einmal groß bin,* Wien / Hamburg / Düsseldorf 1970; © 1988 EconVerlag Düsseldorf und München
8 Rudolf Steiner, *Die pädagogische Praxis vom Gesichtspunkte geisteswissenschaftlicher Menschenerkenntnis,* Dornach [4]1989 (GA 306), Vortrag vom 15.4.1923
9 Jeanne Meijs, *Problemkindern helfen,* Stuttgart 1996
10 So Hubertus von Treuenfels in einem Vortrag.
11 Rudolf Steiner, *Die Kunst des Erziehens aus dem Erfassen der Menschenwesenheit,* Dornach [5]1989 (GA 311), Vortrag vom 12.8.1924
12 Wolfgang Schad, *Erziehung ist Kunst,* Stuttgart 1994
13 Hermann Hofmeister in einem Vortrag
14 Konzentrierte Tätigkeiten, beispielsweise Balancieren, erfordern eine innere Sammlung, deshalb schließen die meisten Menschen dabei bezeichnenderweise den Mund.
15 Viele Menschen knirschen mit den Frontzähnen, um sich selbst besser zu spüren.
16 Durch ein kleines Experiment können Sie selbst einmal nachempfinden, in welche Richtungen die Zunge Kräfte entfaltet, wenn man wie ein Kleinkind oder wie ein Erwachsener schluckt. Stellen Sie sich einmal vor,

an einem Strohhalm zu saugen. Nehmen Sie die entsprechende Mundhaltung ein und fühlen Sie, wo sich die Zungenspitze befindet. Sie müsste jetzt hinter den oberen Frontzähnen liegen und einen erheblichen Druck auf diese Zähne ausüben, wenn Sie saugen.
Stellen Sie sich dann einmal vor, einen Bissen herunterzuschlucken, und führen Sie die Schluckbewegung aus. Beobachten Sie dabei, was Ihre Zunge nun tut. Sofern Sie ›richtig‹, also wie ein Erwachsener schlucken, liegt die Zunge jetzt flächig und breit am Gaumen an und übt dieses Mal einen starken Druck auf das hintere Gaumengewölbe aus, das die Zungenform nachbildet.

17 Ingvo Broich, *Das Mundorgan,* Heidelberg 1988

18 Ebd.

19 Hermann Hofmeister hat auf diesen Tatbestand aufgrund seiner über vierzigjährigen Erfahrung als Kieferorthopäde immer wieder hingewiesen.

20 Hermann Koepke geht in seinem Buch *Das siebte Lebensjahr* (Dornach 1996) ausführlicher auf diese Thematik ein.

21 Ingvo Broich, *Sprache, Mundraum, Seele,* Heidelberg 1992

22 Willi Aeppli, *Aus dem Anfangsunterricht einer Rudolf Steiner-Schule,* Oberwil 1982

23 Hermann Koepke, *Das siebte Lebensjahr,* Dornach 1996

24 Die folgende Geschichte und vieles mehr über das Formenzeichnen erfährt man in dem Buch von Cornelia Fabricius, *Mit Kindern Formenzeichnen,* Schaffhausen 1990

25 Aus: Rudolf Kischnick, Will van Haren, *Der Plumpsack geht rum. Kreis- und Bewegungsspiele für Kinder und Jugendliche,* Stuttgart ^{3}1998

26 Willi Aeppli, *Aus dem Anfangsunterricht einer Rudolf Steiner-Schule,* Oberwil 1982

27 Felicitas Muche, *Die goldene Harfe,* München 1982

28 Johann Wilhelm Ludwig Gleim

29 Aus: Michael Bauer, *Pflanzenmärchen,* Stuttgart ^{5}2000

30 Rudolf Steiner, *Die geistig-seelischen Grundkräfte der Erziehungskunst,* Dornach ^{3}1991 (GA 305), Vortrag vom 19.8.1922

31 René Sommer, *»Der Baum steht mitten im Fluss.« Was Kinderträume sagen können,* Zürich / Düsseldorf 1997

32 Ebd.

33 Ingvo Broich, *Das Mundorgan,* Heidelberg 1988

34 Christian Morgenstern, *Werke und Briefe,* Bd. III, *Humoristische Lyrik,* hrsg. v. Maurice Cureau, Stuttgart 1990

35 Martin Tittmann, *Der Ritt durch das Jahr. Kindergedichte,* Stuttgart 1955

36 Schritt für *Schritt wird Weg gewonnen. Sprüche und Gedichte Herbert von Hahn,* Stuttgart [2]1985

37 Rudolf Steiner, *Die praktische Ausbildung des Denkens,* Dornach 1993 (Einzelveröffentlichung aus GA 108) und Stuttgart [2]2000

38 Rudolf Steiner, *Nervosität und Ichheit,* Dornach 1994 (Einzelveröffentlichung aus GA 143)

39 Rudolf Steiner, *Wie erlangt man Erkenntnisse der höheren Welten?,* Dornach [24]1993 (GA 10)

40 Ebd.

Literatur

Aeppli, Willi, *Aus dem Anfangsunterricht einer Rudolf Steiner-Schule*, Oberwil 1982

Bauer, Michael, *Pflanzenmärchen*, Stuttgart [5]2000

Boogert, Arie, *Beim Sterben von Kindern. Erfahrungen, Gedanken und Texte zum Rätsel des frühen Todes*, Stuttgart [2]1998

Broich, Ingvo, *Das Mundorgan*, Heidelberg 1988

– *Sprache, Mundraum, Seele*, Heidelberg 1992

Fabricius, Cornelia, *Mit Kindern Formenzeichnen. Freude am Schreibenlernen. Anleitung für Eltern und Erzieher zur Graphomotorik*, Schaffhausen 1990

Formenzeichnen. Die Entwicklung des Formensinns in der Erziehung, Stuttgart [2]1992

Gabert, Erich, *Autorität und Freiheit. Das mütterliche und das väterliche Element*. Frankfurt a.M. 1983

Glöckler, Michaela, *Elternsprechstunde. Erziehung aus Verantwortung*, Stuttgart [5]1999

Hofmeister, Hermann, *Zahnbildung, Zahnverfall, Zahnwechsel, Zahn- und Kieferfehlstellungen*, in: *Das Schulkind. Gemeinsame Aufgaben von Arzt und Lehrer*, Dornach [3]1998

Holtzapfel, Walter, *Seelenpflege-bedürftige Kinder. Zur Heilpädagogik Rudolf Steiners*, Bd. 1, Dornach [5]1995, Bd. 2, Dornach [3]1995

Hotz, Rudolf, *Orthodontie in der täglichen Praxis. Möglichkeiten und Grenzen im Rahmen der Kinderzahnheilkunde*, Bern / Göttingen [5]1980

Husemann, Armin J., *Der Zahnwechsel des Kindes. Ein Spiegel seiner seelischen Entwicklung*, Stuttgart 1996

Kiel-Hinrichsen, Monika, *Warum Kinder trotzen. Phänomene, Hintergründe und pädagogische Begleitung*, Stuttgart 1999

Koepke, Hermann, *Das siebte Lebensjahr*, Dornach 1996

Lauffer, Hermann, *Unsere Zähne – Opfer der Zivilisation?,* Merkblatt aus der Reihe *Soziale Hygiene*, hrsg. vom Verein für ein erweitertes Heilwesen, Bad Liebenzell 1988
Leber, Stefan, *Der Schlaf und seine Bedeutung,* Stuttgart 1996
Lievegoed, Bernard, *Entwicklungsphasen des Kindes,* Stuttgart [4]1986
Mastallier, Oskar, *Reflextherapie in der Zahn-, Mund- und Kieferheilkunde,* Berlin 1987
Meijs, Jeanne, *Problemkindern helfen – durch Spielen, Malen und Erzählen. Ein Ratgeber für Eltern und Erzieher,* Stuttgart 1996
Muche, Felicitas, *Die goldene Harfe,* München 1982
Remplein, Heinz, *Die seelische Entwicklung des Menschen im Kindes- und Jugendalter,* München / Basel, [15]1967
Renzenbrink, Udo, *Ernährung unserer Kinder. Gesundes Wachstum – Konzentration – Soziales Verhalten – Willensbildung,* Stuttgart [9]1998
Schaffner, Markus Adolf, *Kinder, wie sie sind,* Basel 1942
Schenk-Danzinger, Lotte, *Entwicklungspsychologie*, Wien [20]1988
Schröder Hubert E., *Orale Strukturbiologie,* Stuttgart 1982
Schumacher, Gert-Horst u.a., *Anatomie und Biochemie der Zähne*, Stuttgart [4]1990
Sleszak-Schindler, Christa, *Künstlerisches Sprechen im Schulalter,* hrsg. von der Pädagogischen Forschungsstelle beim Bund der Freien Waldorfschulen, Stuttgart 1978
Sommer, René, *»Der Baum steht mitten im Fluss«. Was Kinderträume sagen können,* Zürich / Düsseldorf 1997
Steiner, Rudolf, *Anthroposophische Pädagogik und ihre Voraussetzungen,* Dornach [5]1981 (GA 309)
– *Die Erneuerung der pädagogisch-didaktischen Kunst durch Geisteswissenschaft,* Dornach [4]1991 (Ga 301)
– *Die Erziehung des Kindes vom Gesichtspunkte der Geisteswissenschaft,* Dornach 1992 (Einzelveröffentlichung aus GA 34 und 36)
– *Erziehung und Unterricht aus Menschenerkenntnis,* Dornach [4]1993 (GA 302a)
– *Gegenwärtiges Geistesleben und Erziehung,* Dornach [5]1986 (GA 307)
– *Geisteswissenschaft und Medizin,* Dornach [7]1999 (GA 312)
– *Geisteswissenschaftliche Behandlung sozialer und pädagogischer Fragen,* Dornach [2]1991 (GA 192)
– *Die geistig-seelischen Grundkräfte der Erziehungskunst,* Dornach [3]1991 (GA 305)

- *Die gesunde Entwickelung des Menschenwesens,* Dornach [4]1987 (GA 303)
- *Heilpädagogischer Kurs,* Dornach [8]1995 (GA 317)
- *Die Kunst des Erziehens aus dem Erfassen der Menschenwesenheit,* Dornach [5]1989 (GA 311)
- *Die pädagogische Praxis vom Gesichtspunkte geisteswissenschaftlicher Menschenerkenntnis,* Dornach [4]1989 (GA 306)
- *Die Welt des Geistes und ihr Hereinragen in das physische Dasein,* Dornach [2]1980 (GA 150)
- *Wie erlangt man Erkenntnisse der höheren Welten?,* Dornach [24]1993 (GA 10)

Strauss, Michaela, *Von der Zeichensprache des kleinen Kindes,* Stuttgart [5]1994

Streit, Jakob, *Warum Kinder Märchen brauchen,* Stuttgart [3]1991

Studienmaterial der Vereinigung der Waldorfkindergärten, Heft 2: *Die Bedeutung des Zahnwechsels in der Entwicklung des Kindes. Aus Schriften Rudolf Steiners,* [2]1988

Vasconcelos, José Mauro de, *Wenn ich einmal groß bin,* München 1972

Unveröffentlichte Vorträge von Dr. med. Gudrun Merker, Dres. med. dent. Claus Haupt, Hubertus von Treuenfels, Hermann Hofmeister, Hermann Lauffer, Georg Scherpff, Wolfgang Güldenstern, Dr. med. Otto Wolff, Petra Wolniczak

Die Autorinnen

Monika Kiel-Hinrichsen, geboren 1956, fünf Kinder, widmete sich von 1996 bis 2006 der Familienkulturarbeit an der Freien Hochschule für Geisteswissenschaft in Dornach. Neben ihrer Seminar- und Vortragstätigkeit arbeitet sie in freier Praxis als Erziehungs- und Paarberaterin sowie in den Bereichen Mediation, Supervision, Biografiearbeit, leitet das Ipsum-Institut für Pädagogik, Sinnes- und Medienökologie (Außenstelle Bonn) und ist als freie Dozentin an der Alanus Hochschule/Alfter im Bereich Kindheitspädagogik tätig. Sie ist Autorin mehrerer Bücher über Pädagogik und Biografiearbeit (*Warum Kinder trotzen,* Stuttgart ^{6}2013; *Warum Kinder nicht zuhören,* Stuttgart ^{4}2011; *Die Patchworkfamilie,* Stuttgart ^{2}2014; *Pubertäts-Sprechstunde. Jugendliche verstehen – Praxiserprobte Hilfen – Pubertät als Chance* (gemeinsam mit Helmut Hinrichsen), Stuttgart ^{2}2014, *Wendepunkte. Biografie bewusst gestalten,* Stuttgart 2016).
www.kiel-hinrichsen.de

Renate Kviske, Jahrgang 1956, verheiratet, zwei Kinder. 1976 bis 1981 Zahnarzthelferin. 1987 Zahnärztin mit Staatsexamen in Münster. Assistenz-Zahnärztin. Seit 1991 in eigener Praxis niedergelassen. Ab 1984 Interesse und Fortbildungen für anthroposophisch erweiterte Medizin, die seit der Assistentenzeit in die Arbeit einfließt. Mitglied der Arbeitsgemeinschaft anthroposophischer Zahnärzte und besonderes Interesse für kieferorthopädische Aspekte. Vortragstätigkeit in Schulen und Kindergärten, Therapeutika sowie in pädagogischen Ausbildungsstätten.

Monika Kiel-Hinrichsen

Warum Kinder trotzen

Phänomene, Hintergründe, pädagogische Begleitung

118 Seiten, kartoniert

In jeder Familie gefürchtet: das Trotzalter! Jetzt ist es wieder einmal so weit. Urplötzlich und völlig unvermutet kommt ein Ausbruch: dann wird gebockt, gebrüllt, getrampelt, die Kinder werfen sich verzweifelt auf den Boden – nichts und niemand kann helfen. Was tun? Den Willen des Kindes energisch brechen? Es hochzerren, anschreien? Oder schnell nachgeben? Mutter und Vater werden an manchen Tagen an den Rand der Verzweiflung gebracht.
Mit einer einfühlsamen Darstellung bietet die Autorin eine Verständnisgrundlage für die frühkindliche Trotzphase und die damit zusammenhängende Persönlichkeitsentwicklung.
Besonders hilfreich für die Bewältigung von Situationen, in denen Alexander oder Laura wieder einmal ihre Widerstandskraft erproben müssen, sind im zweiten Teil dann zahlreiche praktische Beispiele aus dem Trotzkinder-Alltag. Da lässt sich unmittelbar ablesen, wie man als Erzieher spontan reagieren kann.

Urachhaus

Monika Kiel-Hinrichsen

Warum Kinder nicht zuhören

Ein Ratgeber für Eltern und Erziehende

198 Seiten, kartoniert

Was tun, wenn ein Kind einfach nicht hören will? – Monika Kiel-Hinrichsen zeigt Wege auf, wie Eltern und Erzieher mit ihrer »Botschaft« bei Kindern auf offene Ohren treffen. Denn nicht nur *was* wir sagen bestimmt die Reaktion des Kindes, sondern vor allem auch die Art, *wie* wir es sagen.

Welche Wirkungen gehen vom Klang meiner Stimme und von meinen Gebärden aus? Wie beeinflusst die Situation, in der sich das Kind befindet, die Verständigung? Wie muss ich mit meinem Kind in den einzelnen Altersstufen sprechen? Und wie schaffe ich es, mir all diese Gesichtspunkte so bewusst zu machen, dass ich sie im Alltag umsetzen kann?

Viele praktische Hinweise und Übungsanleitungen helfen dem Leser, die in diesem Buch erworbenen Kenntnisse auch anzuwenden und damit Sicherheit in der Kommunikation mit Kindern zu erlangen.

Urachhaus